Umweltfreunde 4

Ein Sachbuch
für die Grundschule

Herausgegeben von
Inge Koch

Erarbeitet von
Jana Arnold
Kathrin Jäger
Inge Koch
Christine Köller
Rolf Leimbach
Silke Nitschel
Gerhild Schenk

VOLK UND WISSEN

Umweltfreunde 4

Herausgegeben von
Inge Koch

Erarbeitet von
Jana Arnold, Kathrin Jäger, Inge Koch, Christine Köller, Rolf Leimbach,
Silke Nitschel, Gerhild Schenk

Unter Einbeziehung der Ausgabe von
Simone Adler, Heike Dietrich, Hannes Hüttner, Kathrin Jäger, Inge Koch,
Rolf Leimbach, Silke Nitschel, Gerhild Schenk, Diana Voß

Begutachtet von
Simone Adler (Pirna), Sabine Reinke (Taucha)

Redaktion: Christa Krauthakel, Barbara Bütow
Bildrecherche (Foto): Peter Hartmann
Illustrationen: Uta Bettzieche (Detektiv und Hund, Kapitelvignetten), Katharina Knebel (6, 7/1/2–4, 8/1–6, 10, 11/1, 12, 16–17, 19, 24, 32–33, 36, 44/1/3, 46, 48, 49/1, 50, 52–54, 56–61, 81, 94, 101, 112, 116, 126, 127/1–2), Christiane Mitzkus (9, 47/2, 49/3), Tanja Székessy (8/7, 11/2–4, 14), Karl-Heinz Wieland (21/1–2, 22–23, 25–27, 30, 40/2, 42, 47/1, 69, 72–73, 76, 96–99, 104–107, 114–115, 118–121, 124), Hans Wunderlich (18, 20, 28, 40/1, 41/2, 44/1, 63, 66–67, 71, 74, 82–85, 87–89, 92, 108, 117, 122/3, 123, 125)
sowie Viola Beyer (21/3/5), Cornelsen Verlagsarchiv (21/6, 122/1–2, 127/3–5), Harri Förster (29), Gabriele Heinisch (111), Sandra Menke (86), Oliver Regener (41/1), Christine Wächter (10 Kamera), Steffen Walentowitz (21/4, 49/2); Thomas Wellendorf (7/5)
Umschlaggestaltung: tritopp, Berlin; Katharina Knebel (Illustration),
Uta Bettzieche (Detektiv und Hund)
Layout und technische Umsetzung: Uwe Becker, tritopp, Berlin

www.vwv.de

1. Auflage, 1. Druck 2011

Druck: CS-Druck CornelsenStürtz, Berlin

ISBN 978-3-06-082362-8

Inhalt gedruckt auf säurefreiem Papier aus nachhaltiger Forstwirtschaft.

Inhalt

Freundeseite
Wahlpflichtbereich
Festigung und Vernetzung

In der Schule

Was erzählen meine Eltern oder Großeltern aus ihrer Schulzeit?
Worauf kann ich mich in Klasse 5 freuen?
Warum gibt es überall Werbung?

Wir haben Porträts gemalt.

Chinesische Zahlen von 1 bis 60.

Der große Tigervorlesethron.

Das ist die Fee aus unserem Theaterstück „Das große LALULA".

Schule früher und heute

Klassenraum um 1920 (Schulmuseum)

Schulklasse um 1950

In den Städten gab es damals Schulen nur für Mädchen und nur für Jungen. Auf dem Dorf lernten bis zu 70 Kinder, jüngere und ältere, gemeinsam in einem Raum. Meist unterrichtete ein Schulmeister alle Fächer. Die Kinder schrieben zuerst mit Griffeln auf Schiefertafeln, danach mit Tinte und Feder in Hefte. Sie lernten die Sütterlin-Schrift zu schreiben. Es war erlaubt, Kinder schon für kleine Vergehen mit dem Rohrstock zu bestrafen.

Jahre später lernten gleichaltrige Mädchen und Jungen gemeinsam in einer Klasse. Es gab mehrere Klassenräume, und es unterrichteten auch Fachlehrerinnen und Fachlehrer. Alle Kinder erlernten die lateinische Schulschrift. Anfangs schrieben sie auf Tafeln, später mit Federhaltern und Tinte oder Kolbenfüllhaltern in Schreibhefte. Kinder durften nicht mehr geschlagen werden. Mittags erhielten die meisten Kinder eine Schulspeisung.

1920 •••• 1925 •••• 1930 •••• 1935 •••• 1940 •••• 1945 •••• 1950 •••• 1955 •••• 1960 ••

Aus der Schulordnung
Verhalten im Unterricht
- aufstehen, wenn der Lehrer ins Klassenzimmer kommt …
- Befehle genau ausführen, z. B. „Steh auf!"
- still und gerade sitzen
- nicht spielen und lachen

Sütterlin-Schrift

Unsere Schule liegt an der Dorfstraße. Im Schulraum gibt es 13 Tische, 13 Bänke und Tisch und Stuhl für die Lehrerin. Wenn schönes Wetter ist, haben wir Turnen.

Lateinische Schulschrift

Tintenfass mit Federhalter

1 Lest die Texte auf den Seiten 6 und 7. Vergleicht die Schule um 1920, 1950 und eure Schule. Notiert Stichpunkte: Gemeinsamkeiten | Unterschiede.

2 Wie wird Schule in Zukunft sein? Sprecht darüber.

S.1

Heute

Und in der Zukunft?

Heute erlernen Mädchen und Jungen zuerst eine Druckschrift, dann Schreibschrift. Sie nutzen moderne Medien, wie den Computer, um zu schreiben oder sich zu informieren. Die Kinder arbeiten in gut ausgestatteten Fachräumen. Bei der Gruppenarbeit helfen sie einander. Sie fühlen sich für ihre Ergebnisse und die Ordnung in der Klasse verantwortlich. Lehrerinnen und Lehrer beraten und begleiten die Kinder beim Lernen.

Mit einer Zeitleiste arbeiten

- Betrachte die Zeitleiste:
  – Wie ist sie gestaltet?
  – Was kannst du ablesen?
- Ordne Texte und Bilder den Jahren zu.
- Erzähle dazu und entdecke:
  – Was hat sich verändert und wie? Schreibgeräte, Schriften …

65 •••• 1970 •••• 1975 •••• 1980 •••• 1985 •••• 1990 •••• 1995 •••• 2000 •••• 2005 •••• 2010

Schule

Schule

Neue Schulschrift, Ranzen, Kolbenfüller

Buntstifte, Patronenfüller, Faserstifte

Ranzen

3 Erkundet die Geschichte eurer Schule (Chronik). Erstellt eine Zeitleiste.

★ Informiere dich zur Sütterlin-Schrift. Wer diese Schrift erlernte, kannte meist den Spruch: „Rauf, runter, rauf und Pünktchen drauf.“ Probiere es.

Schule nach Klasse 4 – was will ich, was erwartet mich?

Ich möchte aufs Gymnasium, weil mein Freund dahin geht.

Ich möchte aufs Gymnasium, weil es später leichter ist, Arbeit zu bekommen.

Ich gehe zur Mittelschule. Ich will gern Bäckerin werden.

Ich wechsle in die Mittelschule. Da bin ich nur 5 Minuten unterwegs.

Ich will nach der Mittelschule noch das Abitur machen.

Ich kann gut schwimmen und will aufs Sportgymnasium.

1 Die Kinder nennen Gründe für die Wahl ihrer Schule. Bewertet die Gründe und diskutiert darüber.

★ Schreibe auf, was du über die neue Schule und neue Schulfächer wissen möchtest.

Eine gute Wahl treffen

- Informiere dich ausführlich über die Schularten nach Klasse 4:
  – Befrage Eltern, Lehrerinnen, Lehrer, ältere Schülerinnen und Schüler.
  – Lies in Zeitungen und im Internet nach.
- Notiere, in welche Schule du wechseln möchtest.
- Lege eine Tabelle an:
  – Was spricht für deine Wahl, was dagegen?

Mittelschule		Gymnasium	
dafür	dagegen	dafür	dagegen

- Begründe deine Wahl.

Bildungswege nach Abschluss der Grundschule kennen lernen; Bedingungen auswerten; Befragung/Interview vorbereiten, durchführen, auswerten

AH S.4

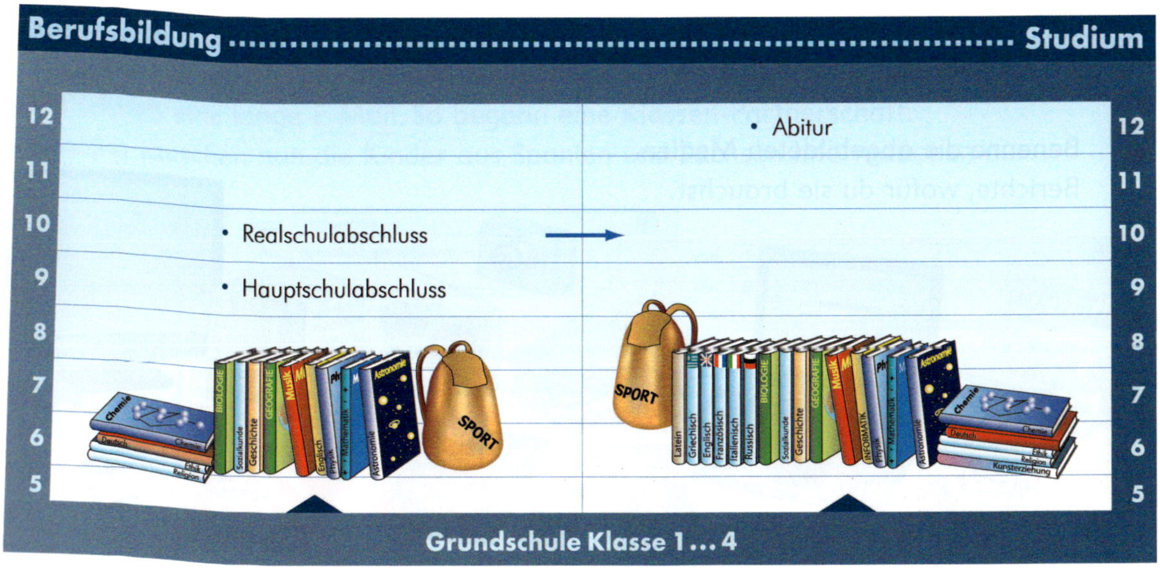

2 Erkläre die Übersicht. Vergleiche die beiden Schularten nach der Grundschule.

3 Erkundet, wann ein Schulwechsel zwischen den Schularten möglich ist.

4 Lies den Stundenplan einer 5. Klasse. Vergleiche ihn mit deinem Stundenplan.

Mein Stundenplan

	Montag	Dienstag	Mittwoch	Donnerstag	Freitag
1	Englisch	Mathematik	Englisch	Musik	Kunst
2	Mathematik	Deutsch	Geschichte	Techn / Com	Englisch
3	Deutsch	Religion / Ethik	Sport	Biologie	Geografie
4	Deutsch	Geografie	Sport	Religion / Ethik	Deutsch
5	Sport	Musik	Deutsch	Englisch	Mathematik
6	Kunst	Englisch	Mathematik	Mathematik	Biologie
7		Techn / Com			

Technik Techn   Computer Com

★ Notiere deine Interessen und Stärken.
Erstelle eine Hitliste: Angebote, die meine zukünftige Schule haben sollte.

★ Befragt Kinder in der 5. Klasse nach Tipps für euren Start in die Mittelschule/ in das Gymnasium. Veröffentlicht die Tipps im Klassenraum.

Werbung selbst gestalten

Auf der Straße vor der Schule ist ein Müllkübel umgekippt. Der Wind weht die Abfälle bis in die Häuserecken. Im Wäldchen hinter der Schule haben Autofahrer alte Autoreifen entsorgt. Das alles ärgert die 4 b.

Die Kinder gestalten ein Plakat.

Eine Werbung gestalten

- Überlege:
  - Wofür will ich werben?
  - Wen soll die Werbung erreichen?
  - Welche Werbemittel sind geeignet? Plakat, Faltblatt, Video, Internet …
  - Welche Bilder veranschaulichen das Anliegen?
  - Welche Texte lassen sich gut merken, zum Beispiel: kurze, knappe Informationen, überzeugende Argumente, originelle Wörter oder Sätze, eine gut lesbare Schrift.
  - Welche Materialien brauche ich? Pinsel, Stifte, Zeichenkarton, Fotos …

Eine Präsentation gestalten, Möglichkeiten des Gebrauchs von Werbung kennen; Wirkung von Werbung nutzen; Aktion zum Schutz der Umwelt

Im Herbst

Was ist im Wald zu sehen, zu hören, zu riechen,
zu schmecken und zu fühlen?
Welche Pflanzen und Tiere leben im Wald?
Wo bleibt das Herbstlaub der Rotbuche?

Unsere Waldexkursion

Auf einer Exkursion in den Lebensraum Wald könnt ihr erforschen, wie hier zahlreiche Pflanzen und Tiere zusammenleben und wie gut sie an das Leben im Wald angepasst sind.
Notiert vor eurer Exkursion für jede Gruppe genaue Forscheraufträge.
Legt das Arbeitsmaterial bereit. Besprecht auch den Wege- und Zeitplan.

Überall im Wald riecht es anders: nach Erde, Rinde, Fichtennadeln, Laubblättern, nach dem Harz der Bäume, nach Moos, Waldfrüchten …
Ihr könnt Material sammeln und ein Geruchsmemory anlegen.
Wer riecht was mit verbundenen Augen?

Entdeckungen

Was entdeckt ihr unter raschelndem Laub?
Hier liegen Eicheln versteckt.
Wenn Rehe, Wildschweine, Eichelhäher und andere Tiere sie nicht fressen, können sie im nächsten Frühjahr keimen und wachsen.

Wenn ihr mit den Händen die Rinde der Bäume berührt, dann merkt ihr: Jeder Baum hat eine andere Rinde.
Die Rinde ist wie der Fingerabdruck des Menschen.
Keine gleicht der anderen.
Das seht ihr auch, wenn ihr mit Papier und Kreide Rindenabdrücke macht.

im Wald

Auch wenn ihr den Vogel nicht seht, sein „Trommeln" schallt durch den Wald. Andere Buntspechte wissen dann: Dieses Revier ist besetzt. In der Balzzeit ab Dezember trommeln Männchen besonders viel, um Weibchen anzulocken. Und die Weibchen trommeln, um im Revier eines Männchens auf sich aufmerksam zu machen.

Große und kleine Tiere, wie Hirsch und Schnecke, fressen gern Birkenpilze. Die Pilze leben in Gemeinschaft mit Birken. Das Pilzgeflecht umspinnt die feinen Baumwurzeln. Dadurch kann der Baum Wasser und Nährstoffe besser aufnehmen. Pilze nehmen sich vom Baum lebenswichtige Aufbaustoffe.

Dies ist mehr als totes Holz. In und von Baumresten leben Ameisen, Wespen, Bienen, Schmetterlinge, Vögel, Kröten, Eidechsen, Schlangen und kleine Säugetiere. Pilze, Flechten und Moose, die sich auf dem Totholz ansiedeln, sind für viele Tiere Leckerbissen.

Am Waldrand wachsen Holundersträucher. Die Früchte stimmen auf den Herbst ein. Ihr könnt die Früchte verarbeiten und natürlich auch naschen: Holundersaft, Holundermarmelade, Hollerkoch, das ist Holundermus. Auch für viele Tiere sind die Früchte Leckerbissen.

Pflanzen des Waldes

Die häufigsten Baumarten in Sachsens Wäldern sind Fichten und Kiefern. Häufige Laubbäume sind Birken, Eichen und Buchen. Außer Bäumen wachsen im Wald weitere Pflanzen, im Nadelwald andere als im Laubwald.

Schlafmoos

Weil Nadelbäume das ganze Jahr über Nadeln tragen und dadurch den Boden beschatten, wachsen im Nadelwald vor allem Schattenpflanzen: Sauerklee, Frauenfarn oder auch Schlafmoos. Das Moos nutzten früher arme Leute als weiche, wärmende Schlafunterlage.

Drahtschmiele

Bevor Buchen ihre Laubblätter austreiben, breiten sich am Boden auch Licht liebende Pflanzen aus. Lichtpflanzen sind zum Beispiel Buschwindröschen und Leberblümchen. Unter dem Schattendach der Bäume wachsen Gräser, wie Hain-Simse und Drahtschmiele.

Schattenpflanzen

Sauerklee

Frauenfarn

Lichtpflanzen

Leberblümchen

Buschwindröschen

1 Sammelt einige Pflanzen des Waldes. Findet mit Hilfe von Bestimmungsbüchern die Namen der Pflanzen heraus.

Artenkenntnis von Pflanzen der Wälder erwerben, einzelne Pflanzen am Erscheinungsbild erkennen; Licht- und Schattenpflanzen unterscheiden

AH S.7

S.7

Pilze des Waldes

In den Wäldern Sachsens wachsen viele genießbare und wohlschmeckende Pilze. Pilze brauchen wenig Licht. Sie wachsen auch im dunklen Wald. Im Boden befindet sich ihr weit verzweigtes Pilzgeflecht. Am Waldboden ist nur der Pilzkörper zu sehen.

Der Sommer-Steinpilz wächst im Laubwald bei Buchen und Eichen. Sein hellbrauner Hut hat Röhren, der Stiel ist dickbauchig. Er ist ein schmackhafter Speisepilz. Vorsicht! Nicht mit dem bitteren, ungenießbaren Gallenröhrling verwechseln!

Der Butterpilz gedeiht nur in der Nähe von Kiefern. Sein hell glänzender bis schokoladenbrauner Hut ist meist schmierig. Am Stiel hat er einen häutigen weißen Ring. Getrocknete Butterpilze schmecken gut in Soßen.

Der kleine, goldgelbe Pfifferling mit seinem trichterförmigen Hut wächst in Nadel- und Laubwäldern vor allem in der Nähe von Fichten, Kiefern, Eichen, Birken und Rotbuchen. Er ist wohlschmeckend.

Der Fliegenpilz wächst in dichten und lichten Nadel- und Laubwäldern, besonders gern in der Nähe von Birken. Sein Hut ist leuchtend rot und hat weiße Tupfen, der Stiel ist weiß. Er gehört zu den Giftpilzen.

1 Schreibe einen Pilz-Steckbrief.

Ratschläge für Pilzsammler:

Hole dir in Pilzberatungsstellen Rat von Pilzsachverständigen.

Wasche dir nach dem Pilzesammeln gründlich die Hände.

Reinige die Pilze sofort nach dem Sammeln. Verarbeite sie frisch.

Den Wald nutzen und bewahren

Wälder sind Erholungsorte.

Im Wald ist es still, nur die Vögel zwitschern. Die Luft ist frisch und kühl. Die Bäume spenden Schatten und liefern viel Sauerstoff. Nahe Fabriken und Städte entschwinden unseren Blicken, der Wald dämmt ihren Lärm. Im Wald können wir wandern, joggen, Rad fahren und reiten.

Wälder liefern wertvollen Rohstoff.

In Wäldern wächst ein wichtiger Rohstoff – Holz. Aber Holz wächst langsam. Ehe ein Baum groß und mächtig ist und geerntet werden kann, vergehen Jahrzehnte.

Buche	130–160 Jahre	**Fichte**	80–100 Jahre
Eiche	100–150 Jahre	**Kiefer**	80 Jahre

Die heutigen Wälder haben unsere Ur-Urgroßeltern gepflanzt. Und bereits heute planen Forstwirte für die Zukunft. Wie viel Holz darf eingeschlagen werden? Wie viel Wald müssen wir neu anlegen, damit der Wald auch unseren Enkeln erhalten bleibt?

Bedeutung des Waldes für Menschen und Tiere; Erholungsfunktion, Holzlieferant (siehe S. 92, 93); Gefährdung des Waldes durch Abholzen; nachhaltige Bewirtschaftung (Aufforstung)

S. 12

Wälder sind Lebensräume für Tiere und Pflanzen.

In unseren Wäldern gibt es mehr als 7000 Tierarten und etwa 1200 verschiedene Arten von Bäumen, Sträuchern und Kräutern, dazu viele Pilzarten. Alle sind voneinander abhängig und brauchen Licht, bestimmte Temperaturen, Wasser und Nährstoffe. Starke Luftverschmutzung lässt Wälder absterben.

Wälder liefern uns Nahrungsmittel.

Schon vor langer Zeit sammelten die Menschen in Wäldern Beeren und Pilze. Sie jagten Wild, um sich mit Fleisch sowie Fellen für ihre Kleidung zu versorgen. Auch heute sammeln viele Menschen gern Beeren und Pilze. Jäger dürfen heute Tiere nicht jagen, wenn sie Junge bekommen und aufziehen. Wildhege, auch Füttern oder Abschuss, soll Schäden durch Wildtiere verringern und den Wildbestand gesund halten. Die Vielfalt der Tierarten soll erhalten bleiben.

Sie alle lieben das Sonnendach: der Wald-Sauerklee, der Efeu, die Waldeidechse, der Eichelhäher.

Wälder schützen vor Lärm.

Waldbäume fangen Schall ab. Schon ein Streifen Wald von 100 m Breite dämmt Lärm wie eine Lärmschutzwand an viel befahrenen Straßen.

Wälder bieten Sichtschutz.

Kronen und Stämme der dicht stehenden Bäume, aber auch die Sträucher und Kräuter in den unteren Stockwerken des Waldes verdecken den Blick auf Straßen oder Siedlungen. So erhalten sie das Landschaftsbild. Das Farbenspiel eines Waldes lockt, den Wald mit allen Sinnen zu erleben.

Wälder schützen die Erde vor starker Erwärmung.

Beim Verbrennen von Kohle, Torf, Erdgas und Erdöl entsteht das Gas Kohlendioxid. Zu viel Kohlendioxid in der Luft erhöht die Temperaturen auf der Erde, mit schweren Folgen: Überschwemmungen, Orkane, Dürren … Bäume nehmen Kohlendioxid aus der Luft auf und bauen daraus ihre lebenswichtigen Stoffe auf. Sie geben dafür Sauerstoff ab, den Menschen und Tiere zum Leben brauchen.

1 Erkunde, wie ein Wald in deiner Nähe genutzt wird. Schreibe, fotografiere und zeichne dazu.

2 Beratet, wie der Wald geschützt werden kann.

Bedeutung des Waldes für Menschen und Tiere: Lebensraum, Nahrungslieferant, Lärm-, Sicht- und Klimaschutz; nachhaltige Bewirtschaftung (Wildhege)

S. 12

Der Wald als Regenfänger und Wasserspeicher

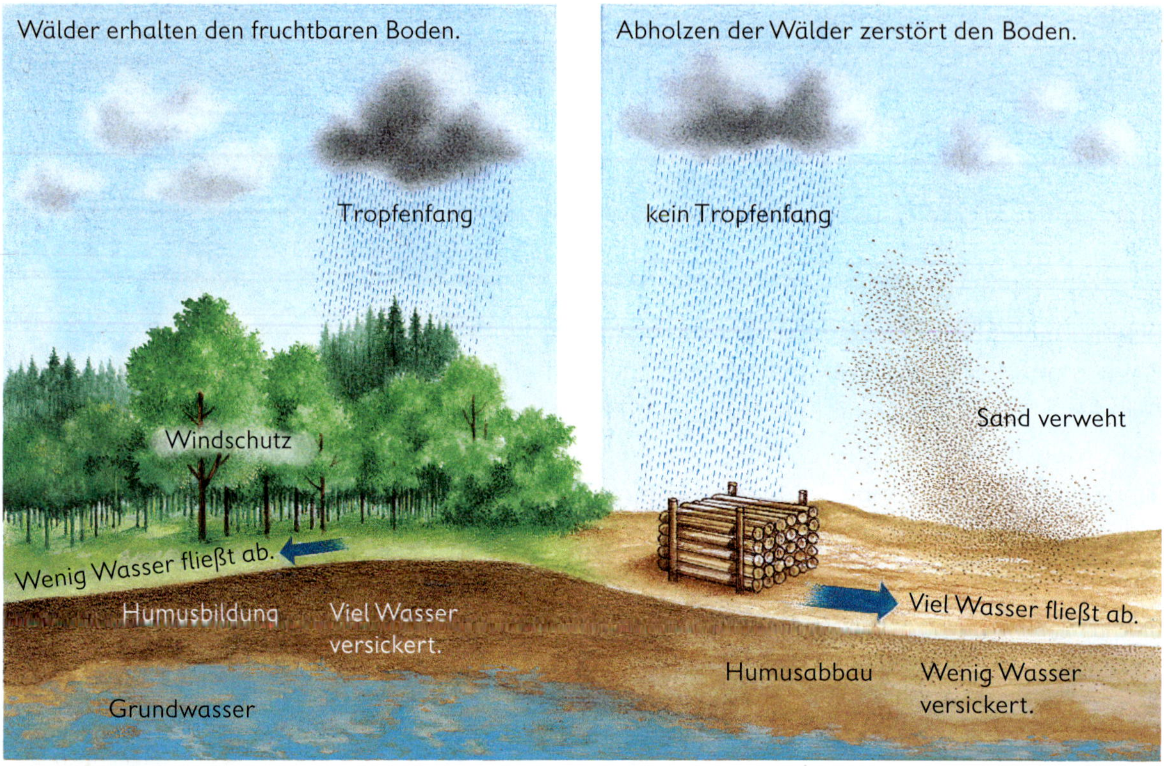

Ein Schema lesen

- Lies die Überschrift und die Stichworte.
- Betrachte Bild und Text zusammen.
- Formuliere Aussagen dazu:
  - Wenn es regnet, dann …
  - Wenn der Wald abgeholzt ist, dann …
- Vergleiche die Aussagen.

1 Betrachte die Abbildung. Erkläre, warum der Wald ein Regenfänger und Wasserspeicher ist.

Wie viel Wasser speichert Moos?

Eine Handvoll trockenes Moos wiegen.

Moos 10 Minuten in Wasser legen. Dann im Sieb etwas abtropfen lassen.

Das feuchte Moos wiegen.

Bedeutung des Waldes für Menschen und Tiere; Wald als Wasserspeicher; Grundwasserspeicherung

Leben im Boden

Ihr könnt auf einer Waldexkursion oder
im Schulgarten Laubstreu und Boden untersuchen.

Laubstreu untersuchen

- Die übereinander liegenden Blätter der Laubstreu und etwas Boden vorsichtig anheben und nebeneinander auf Packpapier ausbreiten.
- Auf kleine Lebewesen achten. Einige Lebewesen kurze Zeit mit einer Becherlupe beobachten.

- Zeichne und schreibe, was du beobachtet hast.

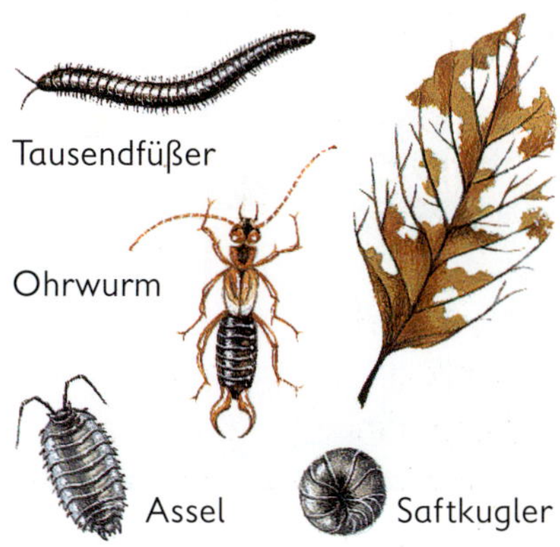

Wo bleibt das Herbstlaub einer Buche?
Von einer 100-jährigen Buche fallen im Herbst etwa 200 000 Blätter ab. In 10 Jahren wären das … Warum erstickt der Baum nicht in seinem „Blätter-müll"? Im Boden leben winzige Lebewesen. Sie ernähren sich von den alten Blättern. Sie zernagen, zersetzen und verdauen sie. So entsteht Humus, das ist nährstoffreiche Erde. Dieser Erde entnimmt der Baum dann die Nährstoffe, um im Frühjahr zu wachsen und neue Blätter zu bilden.

Wie lange dauert die Humusbildung?
Bis aus einem Buchenblatt Erde geworden ist, vergehen etwa 2–3 Jahre. So liegt das Laub im Winter wie eine wärmende Decke über den Samen und den Bodenbewohnern. Im Frühling staut sich die Wärme, die Samen können auskeimen. Bevor aber ein abgestorbener Buchenstamm zu Humus geworden ist, vergehen fast 30 Jahre.

Stäbchenbakterium
sehr stark vergrößert, gefärbt

Dem Fuchs auf der Spur mit Buch und CD-ROM

Wusstest du, dass der Rotfuchs ein Wildhund ist?
Du solltest seine Lebensweise kennen, denn er ist oft auch in Dörfern und Städten unterwegs, um dort nach Nahrung zu suchen.
Informationen findest du in Lexika, Sachbüchern und auf CD-ROMs zum Lernen. Auf solchen CD-ROMs sind Texte mit Bildern, Animationen (Trickfilmtechniken) und Ton verbunden. Du wählst dir selbst Texte aus, rufst sie auf, liest sie und vertiefst dein Wissen.
Dazu betrachtest du Bilder und kurze Animationen, löst Aufgaben und Rätsel, testest dich bei Wissensspielen und kontrollierst die Lösungen auch selbst.
Und während du alles sorgfältig auswertest, fallen dir bestimmt viele neue Fragen zum Rotfuchs ein.

1 Schreibe deine Fragen zum Rotfuchs auf.
Forsche auch in elektronischen Nachschlagewerken nach Antworten. Ergänze deine Fragen.

Sich mit Hilfe von Medien, zum Beispiel elektronischen Nachschlagewerken, über die Lebensweise einer ausgewählten Tierart (Fuchs) informieren

Miteinander leben

Lebten die Menschen in der Stadt früher anders als heute?
Wie wurden Handtücher früher hergestellt?
Was kann ich aus einer Tabelle herauslesen?

Leben in der Stadt vor 100 Jahren

Maries Opa Paul erzählt: Die Familie meiner Großeltern Heinrich und Minna lebte in einem Mietshaus mit Vorderhaus, Hinterhaus und Seitenflügel. Heinrich arbeitete tagsüber in einer Fabrik, Minna führte den Haushalt.
In der kleinen Wohnung im 4. Stock spielte sich das Familienleben in der Wohnküche ab. Minna kochte auf einem Kohleherd, oft gab es Suppe. Die Kinder Herbert, Lisbeth und Käthe besuchten die Volksschule. Ab und zu spielten sie im Innenhof, aber sie mussten sehr leise sein.
Sonntags fuhr die Familie manchmal mit dem Pferde-Omnibus ins Grüne. Neue Straßen wurden jetzt breiter gebaut und abends mit Gaslaternen beleuchtet.
Man sah Kutschen, aber auch immer mehr Autos und Omnibusse, in großen Städten auch Straßenbahnen.
In Häusern reicher Bürger gab es oft schon fließendes Wasser, elektrisches Licht und sogar erste Fahrstühle.

Quellen erforschen

- Suche alte Sachen: Fotos, Kleidung, Werkzeug, Schmuck …
- Befrage deine Familie:
  – Wem gehörten die Sachen? Gibt es eine Geschichte dazu?
- Vergleiche alte und neue Sachen: Bügeleisen …
- Notiere deine Ergebnisse.

Marie sammelt Fotos zum Leben ihrer Familie:

Bürgerhäuser

Hier sah Uroma Lisbeth schon Märchenfilme.

Die Wohnküche

Das Foto war ein Geburtstagsgeschenk für meinen Ururopa Heinrich.
Auf dem Foto sieht man meine Ururoma Minna mit ihren Kindern Käthe, Herbert und Lisbeth. Das Baby ist meine Uroma Lisbeth, die Mama von Opa Paul.
Alle haben ihre Sonntagskleider an.

1 Erzähle von Maries Familie. Nutze dafür die Zeitleiste.

2 Finde heraus, wie deine Urgroßeltern als Kinder lebten: ihre Namen, ihre Geschwister, ihr Essen, ihre Spiele …

AH S.13, 14

S.13

Leben in der Stadt heute

Marie erzählt: Meine Familie wohnt in einem Hochhaus, im 4. Stock. Die Wohnung hat drei Räume, einen Balkon, Bad und Küche. Das Haus hat einen Fahrstuhl, aber Papa und ich laufen gern um die Wette nach oben. In meinem Zimmer kann ich spielen, lernen und schlafen. Ich habe viele Bücher und lese gern. Später will ich Lehrerin werden. Mein Lieblingsbuch ist von meiner Uroma Lisbeth. Es war ihr einziges. Mein Papa arbeitet zu Hause am Computer. Weil Mutti oft spät von der Arbeit kommt, macht er uns Abendbrot. Wir essen am liebsten Gemüsesalat. Manchmal brate ich auch Rührei mit Zwiebeln, davon schwärmt Mama.

Für unsere Stadt wird jetzt eine neue Umgehungsstraße gebaut, weil der Straßenverkehr so zugenommen hat. Aber das Freibad wurde geschlossen. Die Stadt hat kein Geld dafür. Dabei schwimme ich so gern. Mein Freund heißt Tom. Wir gehen oft zusammen auf den Spielplatz, da sind so tolle Spielgeräte. Aber manche machen aus dem Spielplatz einen Müllplatz. Darüber ärgern wir uns.

Meine Freundin Luise und ich sind Mode-Fans. Ich ziehe gern enge Hosen an und Luise trägt am liebsten kurze Röcke. Mama sagt, kurze Röcke hätte meine Ururoma nie getragen. Aber sie selbst schon.

Unser Hochhaus vor 8 Jahren

Viele Kinos in unserem Kino

Hier spielen wir

1 Vergleiche das Leben in der Stadt: früher und heute.

Eine Tabelle lesen

Eine Tabelle stellt übersichtlich Informationen dar.
Du kannst sie daher schneller erfassen als einen langen Text:

Überschrift Diese Tabelle informiert über Einwohnerzahlen großer Städte Sachsens in den Jahren 2000 und 2010.

Tabellenkopf Die Tabelle erfasst: den Namen der Stadt, die Einwohnerzahlen in den Jahren 2000 und 2010, Veränderungen der Einwohnerzahl.

Legende Sie erklärt Zeichen in der Tabelle.

Einwohnerzahlen in größeren Städten Sachsens in den Jahren 2000 und 2010

Stadt	Einwohnerzahl im Jahr 2000	Einwohnerzahl im Jahr 2010	Einwohnerzahl Veränderungen
Dresden	477 807	517 677	+ 39 870
Leipzig	493 208	516 544	+ 23 336
Chemnitz	259 246	243 089	- 16 157
Zwickau	103 008	94 340	- 8 668
Plauen	71 543	66 412	- 5 131
Görlitz	61 599	55 957	- 5 642
Freiberg	45 428	41 701	- 3 727
Bautzen	43 353	40 740	- 2 613
Freital	40 129	39 200	- 929
Pirna	42 108	39 030	- 3 078
Hoyerswerda	50 203	38 218	- 11 985
Riesa	39 367	34 324	- 5 043
Radebeul	32 246	33 466	+ 1 220

Legende: Einwohnerzahl → + gestiegen – gesunken

Informationen

Die drei Städte in Sachsen mit den meisten Einwohnern sind …

… ist keine Großstadt mehr, sie hat weniger als 100 000 Einwohner.

In den meisten Städten, wie …, ist die Einwohnerzahl von 2000 bis 2010 gesunken.

1 Wertet die Tabelle zu zweit noch genauer aus.

2 Schreibt Fragen auf, die euch zu der Tabelle einfallen.

Warum sinken Einwohnerzahlen?

Informationen zu Sachverhalten aus Sachtexten entnehmen und in Zusammenhänge einordnen; Tabellen lesen, zu Fragen Antworten finden

S. 2

Hier schüren Schmiede ein Feuer in einer Esse. Das ist eine offene Feuerstelle mit einem Abzug. Die Schmiede verbrauchen viel Brennmaterial, denn das Feuer muss eine hohe Temperatur erreichen. Erst dann können sie Eisen schmelzen und es in Formen gießen. Das glühende Eisen wird mit Hammerschlägen bearbeitet. Das Gemälde wurde 1837 gemalt.

In einer Stadt ist ein Feuer ausgebrochen. Es breitet sich zu einem verheerenden Brand aus, zerstört Häuser und Brücken. Die Flammen lodern in den dunklen Himmel. Junge und alte Menschen fliehen aus der brennenden Stadt. Ist dieser Stadtbrand noch zu löschen?

2 Gestaltet mit Texten und Bildern einen Wandfr „Feuer – Nutzen und Gefahren“.

Kerze Rauch lichterloh Asche aufflammen prasseln züng

Einfluss des Feuers auf das Leben der Menschen kennen; Nutzen und Gefahren

Im Winter

Warum brennt ein Feuer?
Wie kann Feuer gelöscht werden?
Warum bleibt in einer Thermoskanne Kaltes kalt und Heißes heiß?

Feuer – es brennt, es wärmt, es leu

1 Erzähle zu den Bildern und den „Feuer-Wö

Funke Flamme Brennstoff Blitz Feuerstein Lage

Brandschutzregeln

Eine Kerzenflamme ist sehr heiß. Direkt über der Flamme beträgt die Temperatur bis zu 750 °C. Selbst 10 cm über der Flamme sind es noch 350 °C. Leicht kann ein Brand entstehen. Gehe deshalb sehr vorsichtig mit Kerzen um. Zünde Kerzen nur an, wenn ein Erwachsener dabei ist.

Brandschutzregeln zum Umgang mit Kerzen beachten

Bevor du die Kerzen anzündest …

… Sorge dafür, dass die Kerzen fest und nicht zu dicht nebeneinander stehen. Kerzenständer dürfen nicht entflammbar sein. Sie sollten aus Metall, Glas oder Keramik sein. Stelle einen Eimer mit Wasser oder Sand bereit. Sollte doch etwas brennen, kannst du sofort löschen.

Wenn du die Kerzen anzündest …

… Vorsicht! Nicht mit Ärmeln oder Haaren über die offene Flamme kommen. Streichholz nie in den Papierkorb werfen.

Wenn die Kerze brennt …

… Zugluft vermeiden. Kerze nie ohne Aufsicht lassen. Du weißt nie, ob du abgelenkt wirst und die brennende Kerze vergisst.

Wenn du die Kerzen löschst …

… Die Flamme möglichst nicht auspusten. Am besten mit einem Kerzenlöscher oder einem Metalllöffel ersticken.

Wenn es doch brennt …

… Ruhe bewahren. Versuche, alle Fenster und Türen zu schließen. Die Flammen müssen mit einer Decke oder mit Sand erstickt oder mit Wasser gelöscht werden. Gelingt das nicht, sofort die Feuerwehr rufen: **112**

1 Schreibt Brandschutzregeln auf, die in eurer Schule gelten.

Das tut mir gut

Was kann ich tun, um gesund zu bleiben?
Warum verändere ich mich?
Wie kommen Kinder zur Welt?

Übergewicht belastet nicht nur die Gelenke.

Pulsvergleich ohne und mit 5-Kilo-Gewicht

Frage: Was bedeutet Übergewicht für die Herzleistung?

Ihr braucht:
- Stoppuhr
- Rucksack
- 5-Kilo-Gewicht oder 5 kg Bücher
- Notizblock, Stift
- Treppen

Geht so vor:
- Jeder zählt seine Pulsschläge in einer Minute.
- Jeder läuft dann, so schnell er kann, zwei Stockwerke hoch. Messt sofort wieder den Puls.
- Wiederholt den Versuch nach 10 Minuten mit einem 5-Kilo-Gewicht im Rucksack.

Puls		
normal	*nach Treppenlauf*	*mit Zusatzgewicht*

- Vergleicht. Findet eine Erklärung.

Puls messen:

Puls bedeutet „schlagen“ oder „klopfen“. Den Puls kannst du am Handgelenk ertasten und messen. An ihm nimmst du deinen Herzschlag wahr.

Als die ersten Menschen lebten, waren sie tagsüber immer in Bewegung, um Nahrung zu suchen. Entsprechend entwickelte sich ihr Körperbau. Wir können lange Strecken laufen, klettern, Lasten tragen und vieles andere tun.

Was tun wir mit unserer Körperkraft heute?

Viele sitzen den ganzen Tag, ob im Büro oder beim Baggerfahren. Auch Kinder sitzen zu viel: in der Schule, vor dem Fernseher, vor dem Computer. Unser Körper will beschäftigt werden, sonst wird er lustlos. Deswegen soll man als Ausgleich Sport treiben: Gut sind zum Beispiel Radfahren und Schwimmen, am besten Rückenschwimmen und Kraulen. Beides stärkt besonders den Rücken. Er wird gestreckt und gleichmäßig abwechselnd belastet und entlastet. Auch Hals- und Nackenmuskeln kräftigen sich. Beim Kraulen trainiert man noch zusätzlich Arme und Schultern.

5 Warum fördert Radfahren die Gesundheit? Begründe.

Einblick in Herzleistung gewinnen; Pulsschlag ertasten; zwischen Ruhe und Anstrengung unterscheiden

AH S.19

Die Atemzüge, das Ein- und Ausatmen pro Minute, nennt man Atemfrequenz.

Die Atemfrequenz messen

Frage: Wie verändert sich meine Atemfrequenz bei körperlicher Anstrengung?

Du brauchst:
- eine Stoppuhr

gleiche Anzahl Kniebeugen für alle

Gehe so vor:
- Schätze deine Atemfrequenz pro Minute.
- Miss deine Atemfrequenz pro Minute – in Ruhe und nach mehreren Kniebeugen.
- Trage deine Ergebnisse in eine Tabelle ein.

Meine Atemfrequenz (Atemzüge pro Minute)		
geschätzt	*gemessen in Ruhe*	*gemessen nach Kniebeugen*

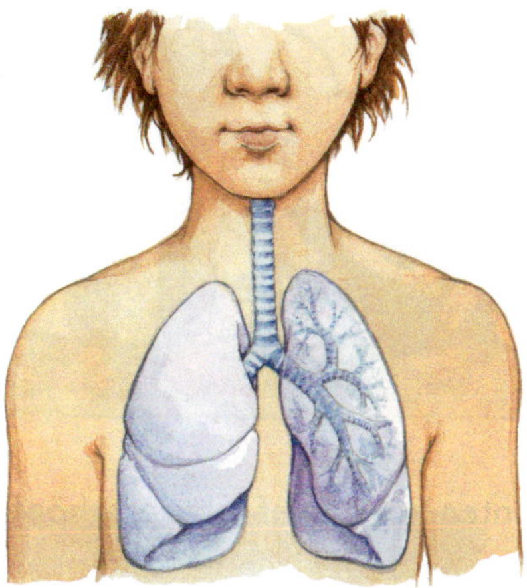

Für die meisten Vorgänge im Körper brauchen wir Sauerstoff, zum Beispiel, um die Muskeln zu bewegen. Darum benötigen wir immer Luft, täglich zwischen 10 000 und 20 000 Liter. Wir atmen „frische Luft" ein, entnehmen ihr Sauerstoff für unseren Stoffwechsel und erhalten dadurch Energie. Beim Ausatmen geben wir verbrauchte Luft ab. Dieser Gasaustausch erfolgt über die Lunge.

Wer schnell läuft, braucht mehr Energie und deshalb auch mehr Sauerstoff. Wer dann zu viel wiegt, braucht noch mehr Energie und Sauerstoff. Auch wer sich viel zu wenig bewegt, ist nicht fit. Mancher kommt da rasch „außer Puste", auch wenn er gesund ist.
Wer sich klug ernährt und mit Bewegung fit hält, hat einen „langen Atem".

6 Zähle, wie viele Liegestütze du am ersten und am zwanzigsten Tag, ohne abzusetzen, ausführen kannst.
Du wirst staunen.

Wie schnell deine Muskelkraft zunimmt, erkennst du an diesem Versuch:
Übe jeden Morgen Liegestütze.
Stütze dich nur mit Händen und Zehen vom Boden ab.
Strecke und beuge nun die Arme.

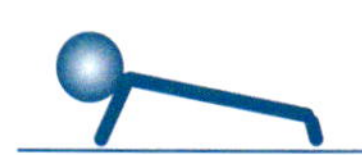

Einblick in die Atmung gewinnen; Atemfrequenz in Ruhe und nach körperlicher Anstrengung beobachten; Bedeutung frischer Luft

Bevor Georg auf die Welt kam

David erinnert sich:
Als Mama uns sagte, wir bekommen noch ein Kind, waren Papa, Jule und ich vor Freude ganz aus dem Häuschen.

Ich stellte Mama viele Fragen:

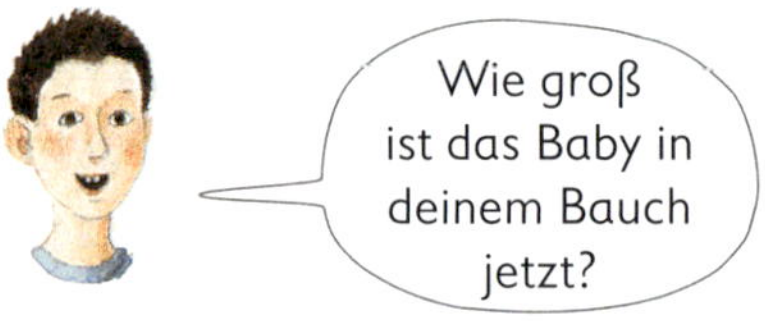

Nach 8 Wochen ist es erst 25 mm groß. Es hat aber schon Beine, Arme, Hände und Füße. Sogar die Augen sind schon zu sehen.

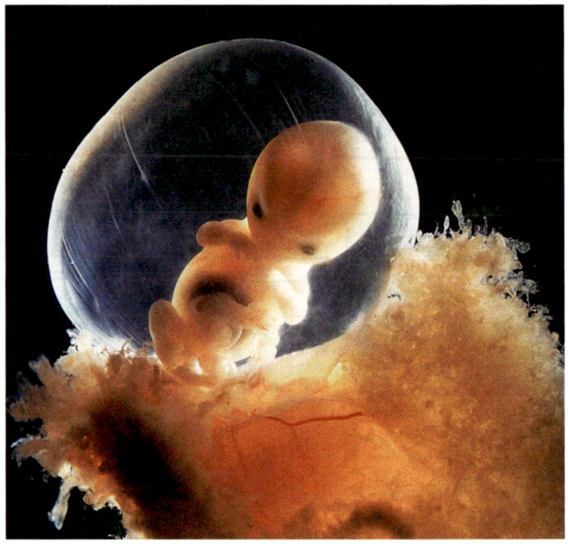

So sieht Georg nach 8 Wochen aus.

Das Baby wächst in der Gebärmutter. Es liegt darin in einer festen Blase, der Fruchtblase, und schwimmt im Fruchtwasser. Dieses Wasser schützt das Baby. Wenn ich laufe, wird es hin und her geschaukelt wie in einer Wiege. Wenn es wach ist, strampelt es mit den Beinchen und boxt mit den Fäusten.

Das Baby bekommt seine Nahrung durch eine lange Nabelschnur
Das eine Ende der Schnur ist mit dem Nabel des Babys verbunden, das andere Ende mit meinem Blutkreislauf.
Deshalb muss ich mich jetzt ganz gesund ernähren, viel Obst essen. Ich darf nicht rauchen und keinen Alkohol trinken.

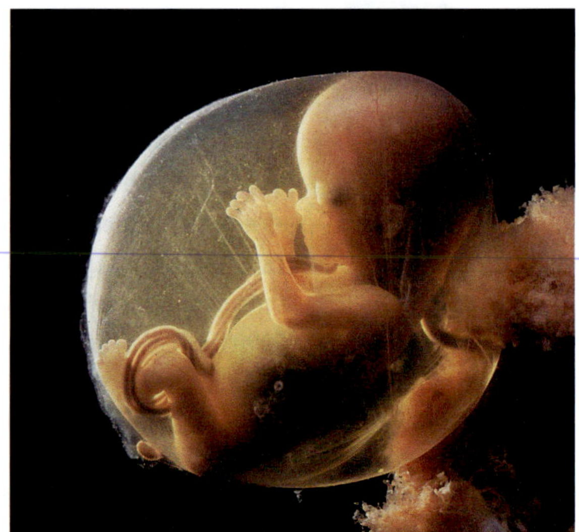

So sieht Georg nach 5 Monaten aus.

Einblick in die Entstehung und Entwicklung neuen Lebens gewinnen; Zeugung und Schwangerschaft

S. 6

Nach 4 Monaten beginnt das Baby zu hören. Es hört, wie es in meinem Magen gurgelt, wenn ich etwas esse und trinke. Die ganze Zeit hört das Baby mein Herz klopfen und mein Blut rauschen. Es hört auch Stimmen und Musik. Wird es plötzlich laut, erschrickt es.

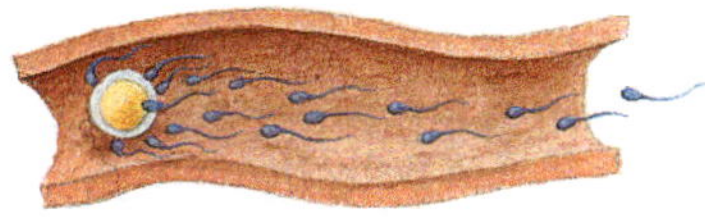

Samen unterwegs zum Ei

In meinem Bauch reift jeden Monat eine Eizelle heran. In Papas Hoden sind winzige Samen. Einer der Samen erreichte meine Eizelle, ich wurde schwanger.
Wie kommt der Samen zur Eizelle?
Wenn sich Mann und Frau lieben, wollen sie sich streicheln und eins sein. Das Glied des Mannes wird fest und kann in die Scheide der Frau gleiten. Aus dem Glied des Mannes strömen dann viele Samen. Sie machen einen „Wettlauf" zum Ei. Ist eine Eizelle reif, kann der Sieger dieses Ei befruchten. Jetzt kann ein neuer kleiner Mensch entstehen.

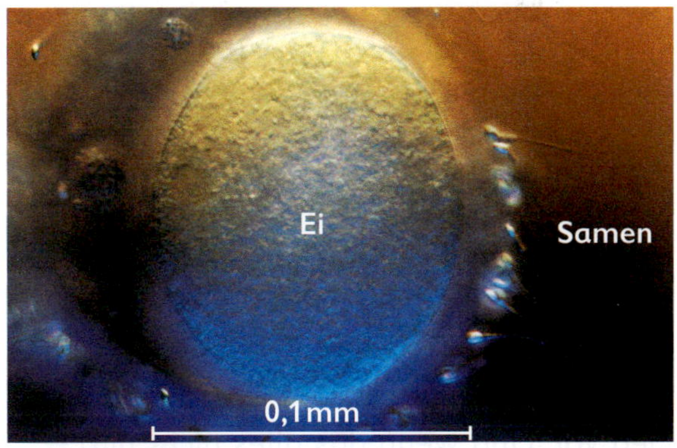

Das Ei im Bild ist stark vergrößert.

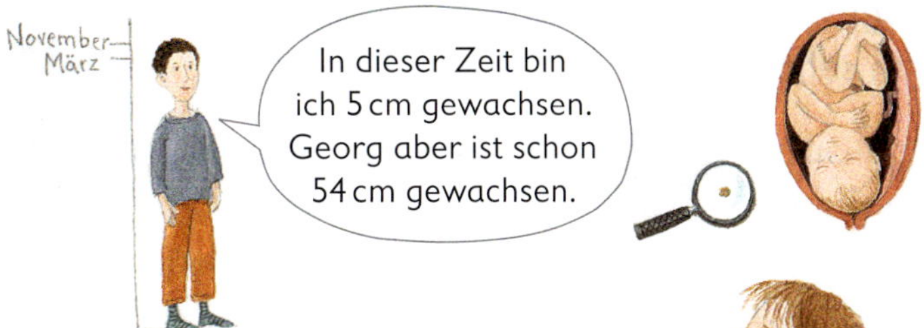

Es dauert 9 Monate, bis das kleine Menschenkind auf die Welt kommt.

Wie merkt man denn, dass das Baby auf die Welt will?

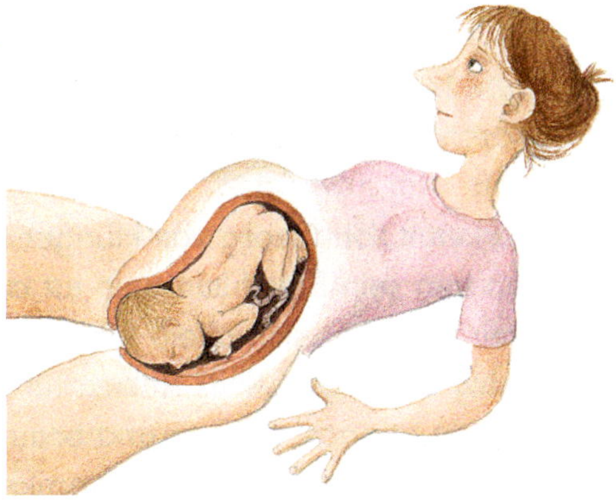

Wenn das Baby auf die Welt will, zieht sich die Gebärmutter mehrfach zusammen. Manchmal dauert eine Geburt viele Stunden. Ist der Kopf des Babys durch die Scheide gepresst, rutscht der kleine Körper hinterher.

Mein Arbeitsplatz am Computer

Mit dem Computer kannst du Post an Freunde schicken. Du kannst Spiele gewinnen oder verlieren, im Internet stöbern und Informationen suchen, malen, schreiben und rechnen.
Was du dabei aber nicht vergessen darfst:
Der Computer zwingt dir eine bestimmte Körperhaltung auf. Du sitzt still, schaust ständig auf den Bildschirm und bewegst vor allem Hände und Finger. Mancher vergisst dabei völlig seine Umgebung. Oft merkst du gar nicht, wie sich dein Rücken empört: „He, kannst du nicht mal aufstehen und herumlaufen?“, sagt er, „Ich bin schon ganz steif und verspannt.“ Und die Augen klagen: „Dauernd müssen wir auf den Bildschirm starren – wir kriegen ja Muskelkrämpfe!“
Auch anderes belastet. Vielleicht willst du unbedingt ein spannendes Spiel gewinnen. Rasch musst du dem Geschehen folgen und schnell reagieren. Das ist anstrengend. Ärzte können viele Leiden nennen, die vom Arbeiten am Computer herrühren: Kopfschmerzen, Augenflimmern, Verspannungen in Schultern und Rücken, sogar Darmträgheit und Verstopfung.

1 Notiere eine Woche lang deine Arbeits- und Spielzeit am Computer.

Entspannungsübungen:

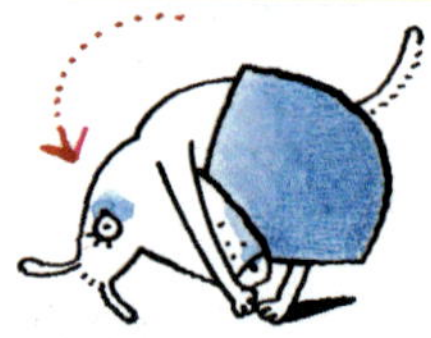
Rumpfbeugen

Apfel pflücken

Palme wedeln

Guter Rat für Computernutzer:
- In deinem Alter nicht länger als eine Stunde am Tag vor dem Bildschirm sitzen: zwischendurch aufstehen, laufen, etwas trinken, drei Minuten Pause mit Gymnastik.
- Den Bildschirm richtig einstellen lassen: Er darf weder flimmern noch zu hell oder zu dunkel sein.
  Der Abstand zwischen dem Bildschirm und deinem Kopf sollte 50 bis 70 cm betragen.
- Beim Geradeaussehen auf die obere Bildschirmkante achten: Blicke nach unten auf den Schirm, das ist eine entspannte Haltung. Deine Beine musst du unter dem Tisch gut bewegen können.

★ Sammelt weitere Gesundheitstipps für Computerfreaks.

Kreuz und quer durch unser Land

Woher hat das Erzgebirge seinen Namen?
Wohin würde ich in Sachsen gern wandern?
Warum nennt man Sachsen
„Land der Schlösser und Burgen"?

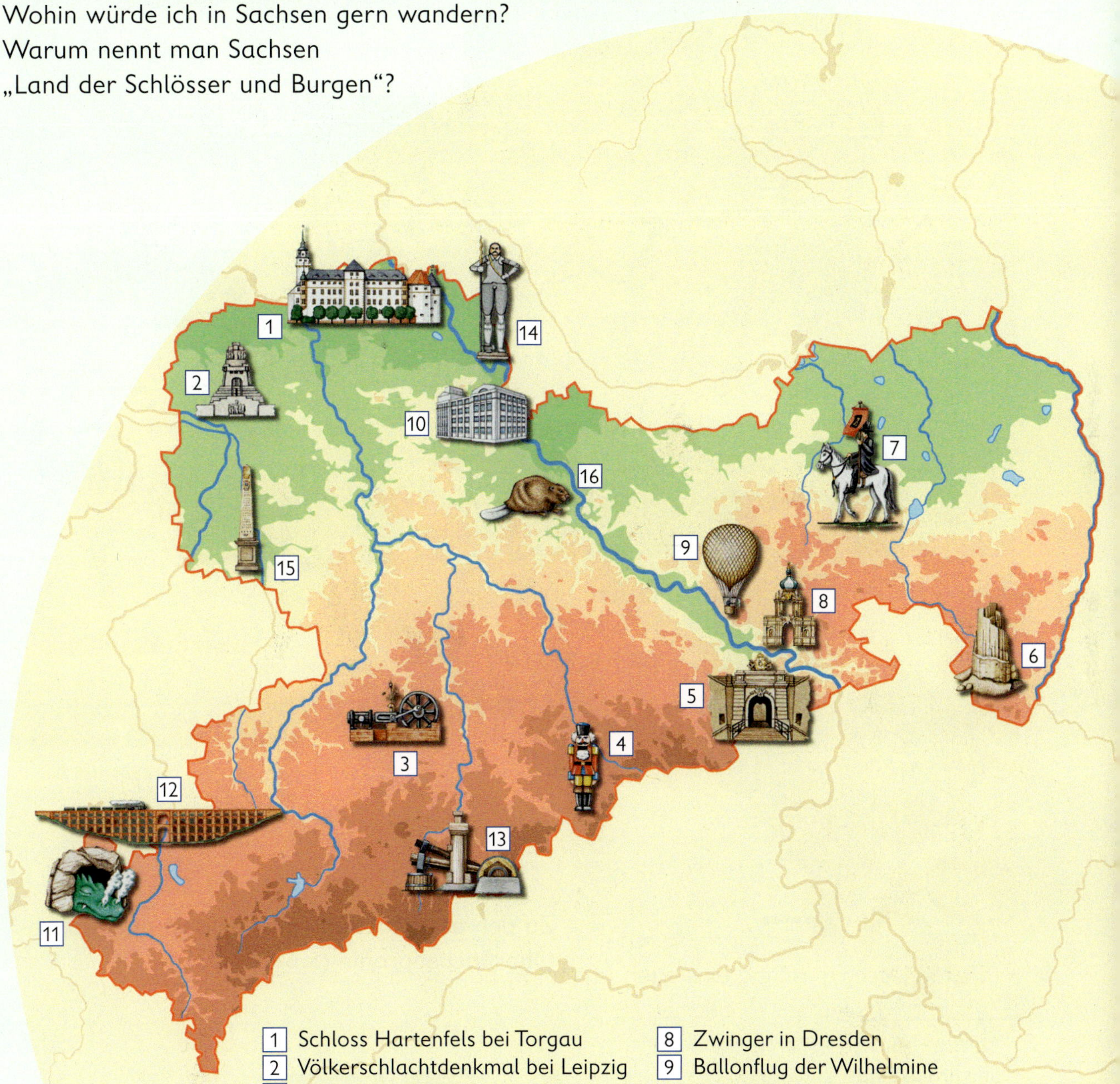

1 Schloss Hartenfels bei Torgau
2 Völkerschlachtdenkmal bei Leipzig
3 Dampfmaschine im Industriemuseum Chemnitz
4 Nussknacker aus dem Erzgebirge
5 Festung Königstein in der Sächsischen Schweiz
6 Steinerne „Orgel" in Jonsdorf im Zittauer Gebirge
7 Osterreiter in der Oberlausitz
8 Zwinger in Dresden
9 Ballonflug der Wilhelmine Reichard bei Dresden
10 Nudelfabrik in Riesa
11 Drachenhöhle in Syrau
12 Göltzschtalbrücke im Vogtland
13 Frohnauer Schmiedehammer
14 Roland in Belgern
15 Distanz-Meilensäule in Frohburg
16 Biber an der Elbe

Mit der Karte des Freistaates Sachsen arbeiten

– – – Zu den gestrichelten Linien findest du im Buch Oberflächenprofile (S. 68 bis 73).

Landhöhen
- über 1000 m
- 750 m – 1000 m
- 500 m – 750 m
- 300 m – 500 m
- 200 m – 300 m
- 150 m – 200 m
- 100 m – 150 m
- unter 100 m
- • 932 Höhenpunkt mit Höhenzahl

- **Dresden** Landeshauptstadt
- **Leipzig** kreisfreie Stadt, Sitz einer Landesdirektion
- Görlitz Kreisstadt
- Altenberg sonstige Stadt
- Bautzen Landkreis
- Staatsgrenze
- Landesgrenze
- Kreisgrenze

- Stadt
- Fluss
- See
- Stausee mit Staumauer
- Autobahn mit Auffahrt
- Autobahntunnel
- Autobahn im Bau
- 0 10 20 km

Orientierungsmöglichkeiten auf der Karte des Freistaates Sachsen anwenden: Himmelsrichtungen bestimmen, Informationen entnehmen

AH S. 24–28, 34

Die Karte ist eine verkleinerte, vereinfachte und verebnete Aufsicht auf das ganze Land. Was dort wirklich ist, zeigt die Karte in einer Bildersprache – mit Farben und Zeichen.

Die Legende erklärt die Farben und Zeichen:

- Verkehrswege sind als Linien zu sehen.
- Rote Flächen oder kleine, weiße Kreise sind Orte. Das Schriftbild der Ortsnamen kennzeichnet auch, ob es große oder kleine Orte sind.
- Gewässer erkennst du als blaue Linien oder Flächen.

Die Lage von Orten, Gewässern, Bergen … kannst du mit Hilfe der Himmelsrichtungen oder auch nach den Farben der Landhöhen beschreiben. Auf der Karte erkennst du die Kreise des Freistaates Sachsen und ihre Grenzlinien. Die Ausdehnung der Kreise kannst du mit Hilfe des Maßstabs messen.

Mit der Landeskarte arbeiten

- Betrachte die Karte.
- Lies in der Legende, was die Farben und Zeichen bedeuten.
- Wähle eine Farbe und ein Zeichen aus.
- Finde sie auf der Karte.
- Erkläre, was sie dir sagen, zum Beispiel:
  - zur Landschaft,
  - zu dem Gewässer,
  - zum Verkehrsweg,
  - zur Entfernung zwischen Orten,
  - zur Lage eines Ortes,
  - …

1 Arbeitet zu den Aufgaben **A–E** mit der Karte. Wählt Aufgaben aus oder erfindet selbst noch welche. Notiert die Ergebnisse und präsentiert sie.

A In welcher Landschaft liegt euer Heimatort? Vergleicht Orte – ihre Größe, ihre Lage, ihre Entfernung zur Landes-Hauptstadt …

B Sachsen grenzt an andere Bundesländer und Staaten. Der Freistaat ist in Kreise gegliedert. Zeigt Grenzen und benennt benachbarte Staaten, Bundesländer und Kreise.

C Wo liegen Gebirge? Umfahrt ihre Flächen mit dem Finger. Nennt ihre Namen und beschreibt ihre Lage.

D In welchen Höhenlagen gibt es Gewässer? Benennt Flüsse. Wo liegen ihre Quellen?

E Vergleicht zwei Landschaften: ihre Lage, die Höhenlage, die Verkehrsanbindung …

Unterwegs im Tiefland und in Leipzig

Damit du dein Bundesland besser kennen lernst, findest du auf diesen und den folgenden Seiten interessante Themen. Du kannst sie auswerten, ergänzen oder ähnliche Themen selbst erarbeiten.

Im nördlichsten Sachsen liegt zwischen Elbe und Mulde ein großes Waldgebiet, der Naturpark Dübener Heide. An kleinen Seen bauen hier Biber ihre Burgen.

Am Rand der Dübener Heide liegt an der Elbe die Stadt Torgau. Sie ist über 1000 Jahre alt. Damals war der Platz am Fluss ein Handelsplatz – slawisch „thorgowy“. Vor etwa 500 Jahren ließen hier sächsische Fürsten Schloss Hartenfels erbauen. Die Dübener Heide war ihr Jagdgebiet.

Interessante Themen finden

- Schreibt auf Kärtchen, was euch interessiert:
  - Ferienorte im Land
  - Gemälde
  - Alte Bergbahnen
  - Geschützte Tiere
  - Wo Menschen arbeiten
  - Berühmte Leute
  - Wie Stauseen entstehen
  - Sagen aus Sachsen
- Wählt Themen aus.

Eine Jagd vor 500 Jahren: Gemälde (Ausschnitt) von Lucas Cranach

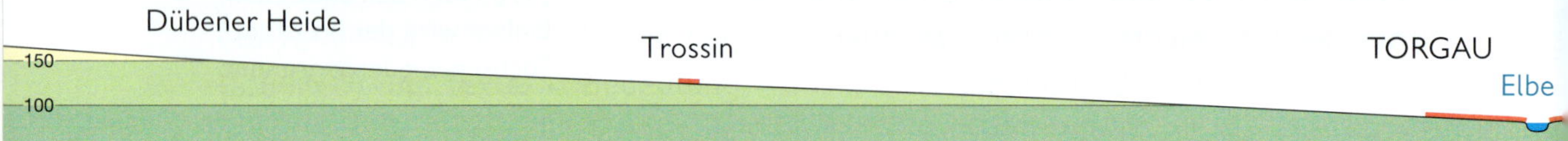

AH S. 24, 25, 29, 30–34, 40
S. 4, S. 5

Die Leipziger Tieflandsbucht liegt südwestlich der Dübener Heide. Am Zusammenfluss von Weißer Elster, Pleiße und Parthe entstanden einst die Burg und später die Stadt Leipzig. Hier kreuzten sich große Handelsstraßen, von Ost nach West und von Nord nach Süd. Seit 800 Jahren ist Leipzig ein wichtiger Handelsplatz, seit 1507 Messestadt.

Heute ist Leipzig die zweitgrößte Stadt Sachsens. Straßen, Bahn- und Fluglinien bilden ein gut funktionierendes Verkehrsnetz. Jährlich finden in der Innenstadt und auf dem modernen Messegelände mehrere Messen statt. Besucher sehen sich dort modernste Maschinen, Autos, interessante Spiele oder auch Mode an.
Auf Buchmessen zeigen Verlage ihre neuesten Bücher. Viele Besucher kommen zum Lesefest „Leipzig liest“. Auch sonst ist auf dem Messegelände viel zu sehen und zu erleben – Kunst, Boxkämpfe, Eislaufen, Konzerte …

In der Leipziger Tieflandsbucht gibt es nur wenig Wald, aber fruchtbaren Ackerboden. Angebaut und verarbeitet werden:

Ein Thema bearbeiten

- Notiert Fragen.
- Sammelt: Karten, Fotos … Berichtet.
- Sucht Stichwörter im Internet.
- Stellt Fragen: an Einwohner, in Bibliotheken, Museen … Macht dazu Notizen.
- Schreibt Texte, fotografiert, zeichnet.
- Präsentiert eure Ergebnisse als Poster, Sammelordner, Ausstellung, als Vortrag, im Schulhaus.

Die Deutsche Nationalbibliothek in Leipzig verfügt über etwa 14 Millionen verschiedene Medien.

1 Erkunde, was aus diesem Erntegut hergestellt wird.

Fragen und forschen

Seltsames und Interessantes entdeckst du überall in deiner Umgebung.
Du musst nur neugierig sein und fragen: Wie? Was?
Wo? Wer? Wann? Woraus? Wieso? Weshalb? Warum? …
Weißt du nicht sofort eine Antwort, kannst du danach forschen, in Lexika, im Internet, mit Hilfe von Versuchen …

Wie entsteht Papier?

Antwort aus einem Lexikon: Der wichtigste Rohstoff ist Holz, das durch Zerfasern zu Holzschliff oder auf chemischem Weg zu einem Faserbrei, dem Zellstoff, verarbeitet wird.
Mit Zusatzstoffen vermischt, werden die pflanzlichen Fasern auf der Papiermaschine verfilzt und die entstehenden Papierbahnen über Walzen getrocknet, geglättet und aufgerollt.
Um 1000 kg Papier herzustellen, müssen mindestens 3 große Bäume gefällt werden. Für die Papierherstellung wird außerdem sehr viel Strom und Wasser verbraucht. In Deutschland verbraucht jede Person etwa 256 kg Papier im Jahr.

Seltsames

- Kannst du eine Geheimschrift sichtbar machen, die mit Milch auf Papier geschrieben wurde?
- Sind Papierboote Tintenfische?

Umweltzeichen – weil aus 100 % Altpapier

Was ist Recyclingpapier?

Antwort aus dem Internet:
Recyclingpapier besteht überwiegend aus Altpapier.
Altpapier ist Papierabfall, der in Betrieben und Haushalten gesammelt wird.
Ein Beispiel: Jeder Haushalt bekommt im Jahr durchschnittlich 33 kg Papier-Werbematerial. Bringen alle Haushalte das Werbematerial in den Papiercontainer, und wird das Papier wieder verwertet, dann muss weniger Holz gefällt werden.
Der Blaue Engel kennzeichnet Produkte, die besonders umweltfreundlich sind, auch Recyclingpapier.

Wie viel sind eigentlich 1000 kg Papier?

Antwort aus einem Versuch:
Messt mit einer Personenwaage das Körpergewicht der Kinder in eurer Klasse.
Schreibt die Ergebnisse untereinander in eine Tabelle. Addiert wie im Beispiel:

Name	Gewicht	Summe
Paul	31 kg	31 kg
Nele	32 kg	63 kg

1000 kg Papier wiegen so viel wie **?** Kinder in unserer Klasse.

S. 2, S. 4, S. 5

... im Wa

Schwimmb

5 Die Rotfed
ernährt sich v
pflanzen, vor
6 Der Hecht
Zwischen den
Uferbereich la
Fische, Frösch
Schwimmvöge
7 Das Tause
auf dem schla
„Wasserwiese

Ausgewählte Pfla
Beispiele für Ang

Kann ich Papier auch selbst herstellen?

Antwort aus einem Sachbuch oder aus dem Internet:
Die Buchhändlerin hat uns einige Bücher zum Herstellen von Papier empfohlen. Im Internet stehen auch viele genaue Beschreibungen.
Wir stellen Material zusammen, das wir zur Papierherstellung brauchen und schöpfen selbst Papier.

Woher kommt das „Holz" für meine Schulhefte?

Nachfrage bei einem Hersteller:
Holz oder Zellstoff, die in Deutschland zu Papier verarbeitet werden, sind nur zu einem kleinen Teil aus Deutschland, der größte Teil kommt aus 130 Ländern zu uns. Für Papier werden zum Beispiel in Kanada, Finnland, Schweden und Russland unzählige Bäume gefällt. Papier zu sparen schont Wälder, Wasser, Luft und Boden. Achtet deshalb beim Kauf von Heften genau auf die Angabe: 100 % Altpapier.

Auf welchem Papier ist unser Schulbuch gedruckt?

Antwort auf der Seite 2 deines Schulbuches

Woraus wird das Toilettenpapier für unsere Schule hergestellt?

Antwort durch Befragen des Chefs einer Reinigungsfirma:
Als Großabnehmer entscheiden wir uns für Recyclingpapier, denn wir brauchen für die Schulen ja viel Toilettenpapier. Es ist zwar nicht so weich und schön anzusehen, erfüllt aber seinen Zweck und schont die Umwelt.

1 Schreibt weitere Fragen zum Thema „Papier" auf. Sucht nach Antworten.

2 Was findest du „seltsam und interessant"? Bearbeite dein Thema.

eigene Aktionen zum Schutz der Umwelt;
die Fähigkeit entwickeln, Fragestellungen und Antworten zu finden

S. 2, S. 4, S. 5

Der Himmelsraum: Sonne, Erde, Mond

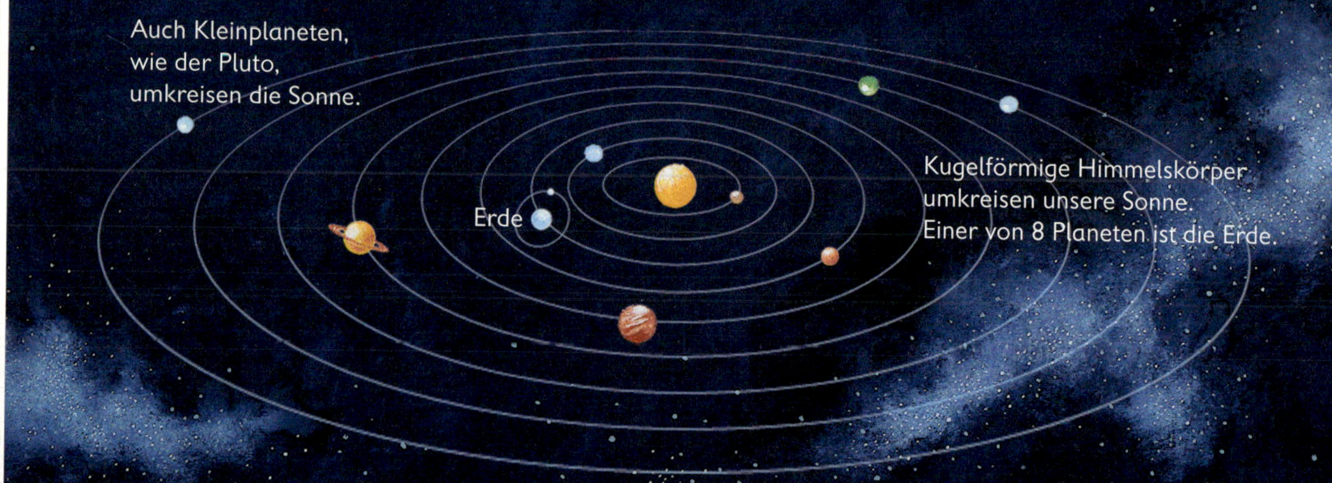

Die Sonne ist eine sehr hell strahlende Gaskugel. Vom Weltall aus sehen Astronauten die Sonne mit weißem Licht. Weil die Erde aber eine gasförmige Lufthülle hat, erscheinen Sonnenstrahlen, die durch sie hindurch auf die Erde treffen, gelb. Und abends, wenn die Sonne untergeht, leuchtet sie sogar rötlich.

Die Erde umkreist die Sonne mit einer enormen Geschwindigkeit. Etwa 30 Kilometer in der Sekunde fliegt sie auf ihrem Weg durch die Weite des Weltalls. Wir spüren das nicht. Unsere Erde ist von einer mächtigen Luftschicht umhüllt. Diese gasförmige Hülle schützt uns vor dem gleißenden Licht der Sonne und vor der Kälte des Weltalls. Die Hülle enthält auch den Sauerstoff, den Menschen, Tiere und Pflanzen zum Atmen brauchen.

1 Informiere dich im Internet in einer Kindersuchmaschine über „Unser Sonnensystem“ (www.blinde-kuh.de, www.helles-koepfchen.de …).

Unsere Erde hat einen kleinen Begleiter, der sie umkreist. Das ist der Mond.

Warum heißt die Erde „Der Blaue Planet“?

Astronauten, die aus dem Weltraum auf unsere Erde schauen, sehen einen wunderbar blauen Himmelskörper. Die riesigen Wasserflächen der Erde, die Ozeane und Meere, strahlen das Sonnenlicht zurück. Sie umgeben die Erde mit einem blauen Lichtsaum. Wasser und Luft machen es möglich, dass auf der Erde Menschen, Tiere und Pflanzen leben können. Unsere Erde ist reich an Schönheiten und Wundern. Aber sie ist auch verletzlich, und sie braucht unseren Schutz.

AH S.47

S. 10, S. 11

Manchmal scheint nachts der Vollmond in dein Fenster. Du kannst nicht schlafen, so hell ist die Nacht. Zwei Wochen später ist kein Mond am Nachthimmel zu sehen. Doch nur wenige Tage darauf zeigt sich wieder eine schmale Mondsichel.

Warum wechselt die Lichtgestalt des Mondes?

Das Licht des Mondes ist eigentlich das Licht der Sonne. Der Mond leuchtet nicht selbst, er wird von der Sonne beschienen und strahlt dieses Licht wieder ab. Da der Mond die Erde umkreist, ändert sich seine Position zur Sonne ständig. Deshalb siehst du von der Erde aus immer unterschiedlich viel von seiner beleuchteten Hälfte. Diese Lichtformen nennt man Mondphasen. Die Zeit zwischen zwei gleichen Mondphasen beträgt 29 Tage und einen halben Tag.

Die Sonne beleuchtet den Mond ebenso wie den Ball. Die beiden Formen gleichen sich.

Bei Vollmond siehst du die beleuchtete Mondhälfte ganz.

Danach wird der sichtbare Teil der beleuchteten Mondhälfte jeden Tag kleiner. Man sagt: Der Mond nimmt ab.

Bei Neumond schaust du auf jene Mondhälfte, die nicht von der Sonne beschienen ist.

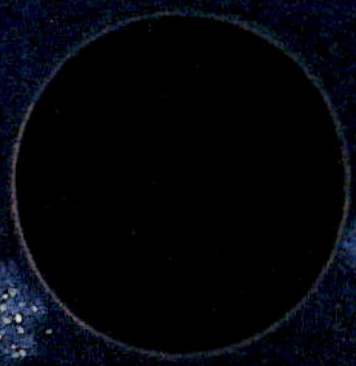

Danach zeigt sich jeden Tag mehr vom beleuchteten Teil des Mondes. Man sagt: Der Mond nimmt zu.

2 Wie erkennst du, ob ein Halbmond gerade abnimmt oder zunimmt?

★ Wie sehen die Kinder in Afrika und Australien den Mond? Informiere dich.

Der Himmelsraum: Sonne, Mond und Sterne

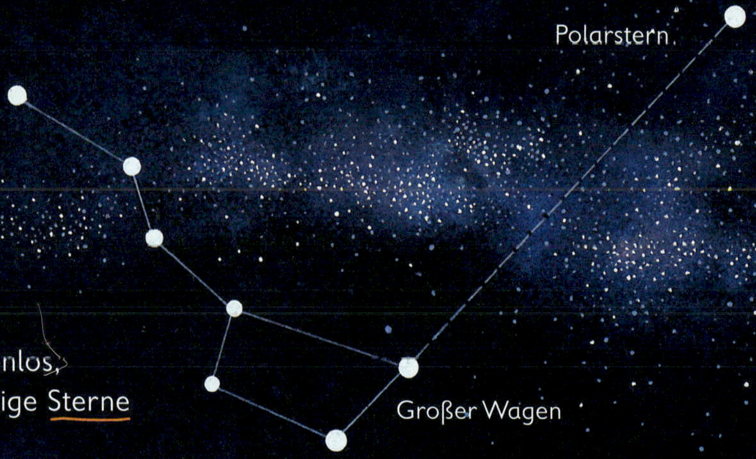

Ist die Nacht klar und wolkenlos, siehst du am Himmel unzählige Sterne blinken.
Mit bloßem Auge kann man bis zu 6 000 Sterne entdecken. Durch ein Fernglas sieht man mehr als 100 000 Sterne. Und mit Großteleskopen konnten Wissenschaftler über eine Milliarde Sterne zählen.
Schon in alter Zeit nutzten die Menschen, vor allem Seefahrer, größere oder kleinere Sternengruppen zur Orientierung am Himmel. Mit etwas Fantasie sahen sie Bilder in den Sternen und gaben den Sternbildern Namen: Namen von Gegenständen, wie „Wagen"; Namen von Tieren, wie „Skorpion" oder „Löwe", und Namen von Sagengestalten, wie „Orion".

Der Große Wagen ist Teil des Sternbildes Großer Bär. Er fällt deutlich auf.
Denkst du dir die Hinterachse fünffach verlängert, findest du leicht den Polarstern.
Er leuchtet heller als andere Sterne und steht fast am Himmelsnordpol. Mit seiner Hilfe kann man die Nordrichtung auf der Erde bestimmen.

Der Sage nach war Orion ein berühmter und beliebter Jäger. Eines Tages wurde er durch den Stich eines Skorpions tödlich verwundet.
Orion und Skorpion wurden in Sterne verwandelt und so an den Himmel gesetzt, dass immer nur einer zu sehen ist.
Geht Orion im Westen unter, dann geht sein Mörder Skorpion im Osten auf.

Alle Menschen der Erde können sie sehen:

- die Sonne – den Stern, der uns am nächsten ist und doch 150 Millionen Kilometer von uns entfernt,
- den Mond, der nur 384 400 km weit weg ist und den am 20. Juli 1969 erstmals ein Mensch betrat,
- die vielen Sterne, unvorstellbar weit im Weltraum.

Alle Menschen können beobachten, wie Sonne, Mond und Sterne das Leben auf der Erde beeinflussen – manchmal auf geheimnisvolle Weise.

Neil Armstrong auf dem Mond …

Die Sternbilder sind Wegweiser am Nachthimmel. Mit ihrer Hilfe suchten Seefahrer in früherer Zeit ihren Weg. Wie fanden sie nach Norden?

Manche Menschen glauben, die Sterne zeigen die Zukunft.

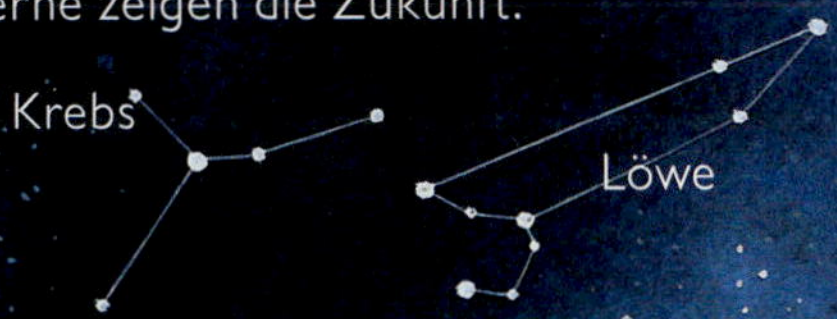

Von Mond und Sonne gehen Kräfte aus, die Ebbe und Flut auslösen.

Vom Mond erzählt man Legenden. Manche Menschen sollen bei Vollmond schlafwandeln.

Alle Pflanzen brauchen das Licht der Sonne, um Nährstoffe herzustellen.

Die Sonne ist auch der Motor des großen Wasserkreislaufs: Wasser verdunstet, zieht mit den Wolken über den Himmel und fällt als Regen irgendwo auf unserer Erde wieder herab.

1 Welches Geheimnis möchtest du enträtseln? Frage Experten, lies nach, erforsche selbst.

Am Waldrand – schauen, hören, fühlen

Der Waldrand schützt den Wald vor dem Wind, den Waldboden vor dem Austrocknen und die Randbäume vor prallen Sonnenstrahlen. Am Waldrand leben viele Pflanzen und Tiere.

Große Brennnessel

Holunder

Hasel

Weißdorn

Feldahorn

Insekten bestäuben die Blütenpflanzen. Hier finden Schmetterlinge, Bienen, Hummeln und Käfer im Sommer reichlich Nahrung.

Zwischen den Pflanzen verstecken sich Kleintiere: Ohrwürmer, Wanzen, Milben, Springschwänze und Spinnen.

 Ausgewählte Tiere und Pflanzen am Waldrand kennen; Lebensweise von Vögeln und Kleintieren …

AH S.51

S. 8, S. 9

In den Sträuchern bauen Vögel ihre Nester und suchen nach Nahrung. Der Neuntöter frisst Käfer, Bienen, Hummeln, Fliegen und Heuschrecken. Er überwältigt sogar kleine Mäuse.

Neuntöter

Kreuzspinne

Haselmaus

Kleiner Fuchs

Gefleckter Schmalbock

Auch kleine Säugetiere, wie der Feldhase, finden hier Schutz vor Wind, Regen, Hitze und vor ihren Feinden.

1 Schreibe zu einer Pflanze und einem Tier des Waldrandes einen Steckbrief. Informiere dich in Medien.

So leben Tiere und Pflanzen am Waldrand

Im Naturschutzgesetz ist der Mäusebussard als streng geschützte Vogelart eingestuft. Er steht aber noch nicht auf der Roten Liste.

Der Hirschkäfer ist eine besonders geschützte Art. In Sachsen steht er auf der Roten Liste. Er wird als „stark gefährdet“ eingestuft.

Der Mäusebussard

So groß ist er:

Sein Nest im hohen Baum heißt Horst.

Er frisst:

Unverdauliche Nahrung, Gewölle, würgt er aus.

So entwickelt sich der Mäusebussard:

Der Hirschkäfer

So groß ist er:

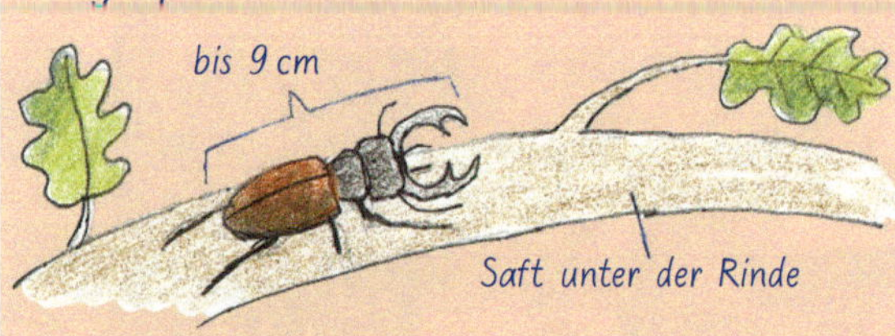

Die Weibchen sind viel kleiner. Die Käfer ernähren sich vom zuckerhaltigen Saft der Eichen.

So entwickelt sich der Hirschkäfer:

Das Weibchen legt die Eier in morschen Bäumen ab.

Die Larve ernährt sich von dem morschen Holz.

Nach 5–8 Jahren verpuppt sich die Larve in einer „Puppenwiege“ in der Erde.

Die Käfer schlüpfen im nächsten Frühling.

1 Gestaltet in Gruppen Poster zum Mäusebussard und zum Hirschkäfer. Verwendet die Informationen auf der Seite und ergänzt. Informiert euch in Lexika, in Sachbüchern und im Internet.

 Sich zum Schutz der Artenvielfalt des Waldrandes positionieren; ausgewählte bedrohte Tiere und Pflanzen auf der Roten Liste kennen lernen; Lebensweise von Vögeln …

S. 4, S. 5

Seit 1966 veröffentlicht die Weltnaturschutzunion die Rote Liste der gefährdeten und vom Aussterben bedrohte Tiere und Pflanzen. Der Freistaat Sachsen gibt sie auch für das Bundesland heraus.

Der Russische Bär ist ein bunter Schmetterling. Er kommt im Dresdener Elbtal und in der Sächsischen Schweiz vor. In Sachsen steht er als „stark gefährdet" auf der Roten Liste.

Der Russische Bär fliegt von Mitte Juli bis Anfang September. Gern sammelt er Nektar von den rotvioletten Blütenständen des Wasserdostes. Im Juli legt er seine Eier in „Eierspiegeln" ab.

Nach 14 Tagen schlüpfen aus den Eiern Raupen. Oft sind sie schon Anfang August zu beobachten. Die Raupen fressen zuerst vor allem Kräuter, später auch holzige Gewächse.

Die Raupen überwintern und fressen im Frühjahr weiter. Gut verborgen in einem Gespinst, verwandeln sie sich Mitte Mai zur Puppe. Nach 4–6 Wochen schlüpfen die Schmetterlinge.

Auch Pflanzen stehen unter Schutz.

Großblütiger Fingerhut

Rogers Kapuzenmoos

Der Großblütige Fingerhut ist sehr giftig. Der Verzehr seiner Blätter kann für Menschen tödlich sein. Der Roten Liste nach kommt er nur selten vor und gilt als gefährdet. Das unscheinbare, Licht liebende Kapuzenmoos wurde erstmals 2004 in Sachsen entdeckt. Es wächst in Polstern an der Borke von Laubbäumen. Die Art ist nach der Roten Liste Sachsens vom Aussterben bedroht. Da das Moos in Europa seltener wird, ist Sachsen besonders verpflichtet, diese Art zu erhalten.

2 Entwickelt Ideen: Was können Kinder zum Schutz der Pflanzen und Tiere am Waldrand tun?

… und Kleintieren; Unterschlupf, Entwicklung, Brutpflege, Spuren der Tiere; Entwicklungsstadien eines Insekts

Woher kommt das Trinkwasser?

1 Informiert euch:
- Wie wird euer Trinkwasser gewonnen?
- Wie teuer ist das Trinkwasser?

2 Füllt einen Eimer mit Wasser, messt die Menge und berechnet den Preis.

★ Besichtigt ein nahe gelegenes Wasserwerk.

Trinkwasser kommt gereinigt aus Wasserwerken. Woher aber bekommen die Wasserwerke das Wasser? Niederschläge versickern im Boden durch Sand und Kies. Ihr Wasser staut sich als Grundwasser, das manchmal als Quelle wieder aus der Erde fließt. Fließt sie reichlich, wird ihr Wasser durch Rohre zu einem Wasserwerk geleitet.
Im Bergland wird Wasser von Bächen und Flüssen in Trinkwassertalsperren gestaut und zu den Wasserwerken geleitet. Im flachen Land gewinnt man Grundwasser meist aus Tiefbrunnen.
Auch Flusswasser eignet sich zur Trinkwassergewinnung. Es sickert in Ufernähe durch Sand und Kies in Brunnen ein und wird zu den Wasserwerken geführt.

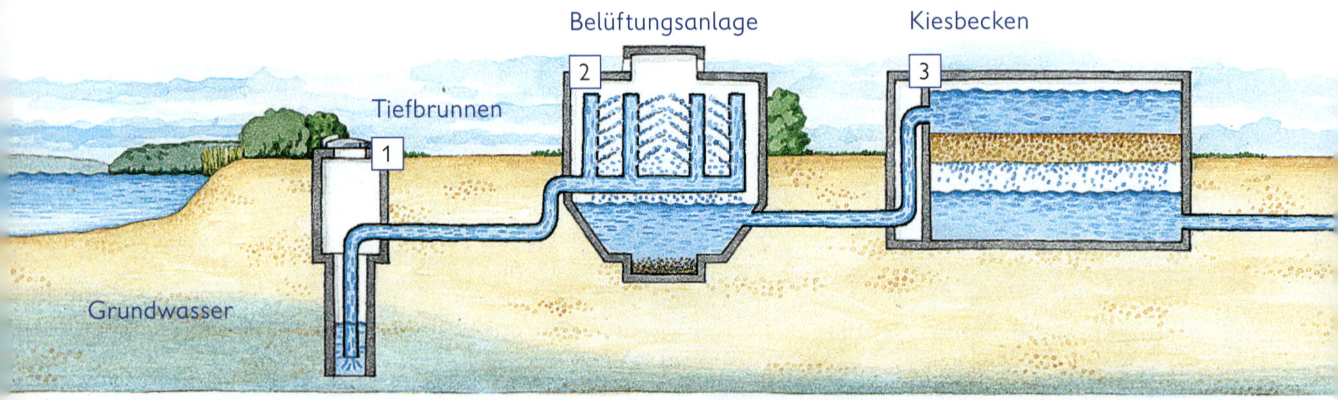

Grundwasser wird in Tiefbrunnen gesammelt und mit Pumpen nach oben befördert.

Im Wasserwerk wird das Wasser belüftet. Dabei verbinden sich schädliche Stoffe zu Flocken.

Das Wasser läuft zur Reinigung durch Kiesschichten. Dort werden die Flocken aufgefangen.

Einblick in ein technologisches Verfahren der Trinkwasserversorgung gewinnen: Exkursion zu einer regionalen Anlage, Wasserwerk erkunden

AH S.52
S.16

3 Erkunde, wie viel Trinkwasser gebraucht wird, um dies herzustellen:
- ein Kilo Brot,
- ein Kilo Zucker,
- eine Tonne Papier,
- eine Tonne Stahl.

4 Wozu wird im Haushalt Trinkwasser gebraucht?

5 Gestaltet eine Übersicht: Trinkwasser sparen – aber wie?

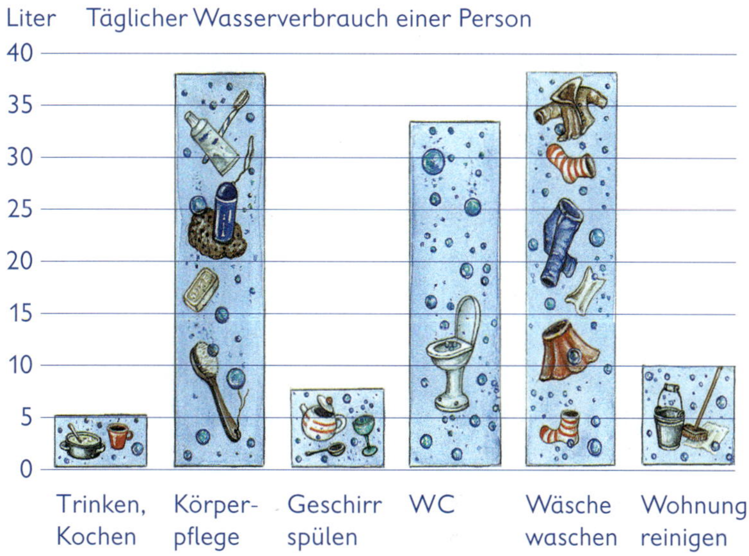

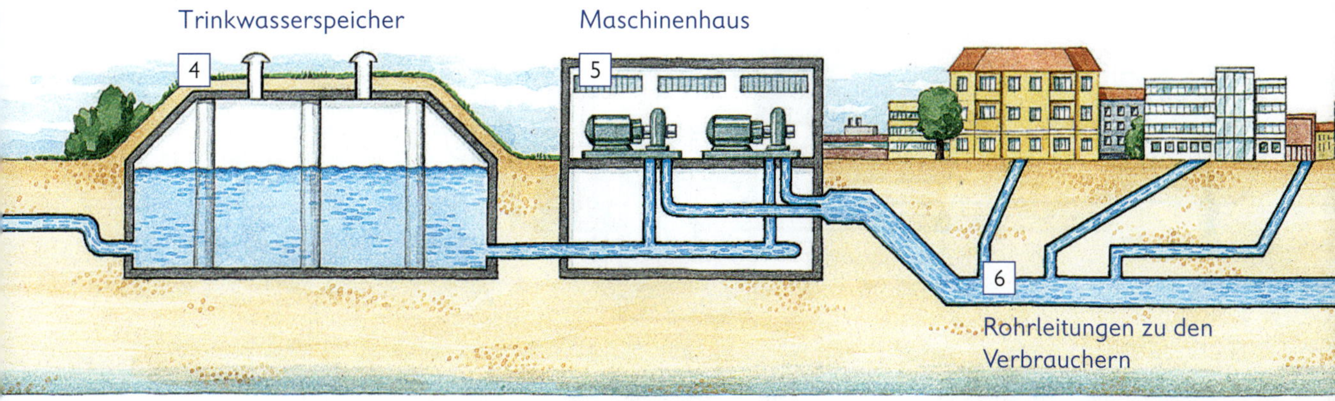

Sauberes Trinkwasser wird in Reinwasserbehältern gespeichert und bei Bedarf abgegeben.

Trinkwasserpumpen pumpen das Wasser durch Rohrleitungen zu den Verbrauchern.

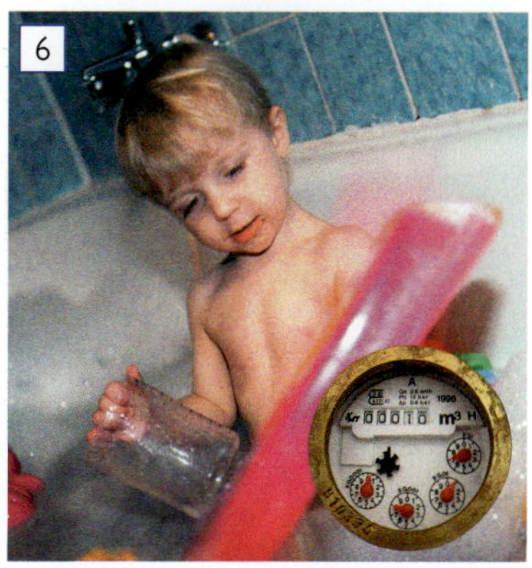

Den Wasserverbrauch in jeder Wohnung zählen Wasseruhren. Das Wasser muss bezahlt werden.

Einblick in ein technologisches Verfahren der Trinkwasserversorgung gewinnen

AH S.52
S. 16

Wohin fließt das Abwasser?

1 Erforsche:
Wodurch wird in eurem Haushalt Trinkwasser verschmutzt? Wie könntet ihr diese Verschmutzung verringern?

2 Erkunde, wie viel Abwasser jährlich in deiner Schule entsteht. Womit wird das Wasser vor allem verschmutzt?

Noch vor 100 Jahren wurde Abwasser meist in die Gewässer geleitet. Die Menschen hatten beobachtet, dass fließende Flüsse und Bäche mit der Zeit wieder sauber wurden. In der Nähe großer Orte wurde Abwasser zum Beispiel auf unbebautes Land in Gräben geleitet. Dort versickerte es im Boden. Auf dem Weg durch die verschiedenen Bodenstufen wurde es gefiltert und so wieder zu reinem Grundwasser. Heute belasten vor allem Industrie, Landwirtschaft und Verkehr, aber auch Haushalte das Wasser. Die „Naturfilter" reichen nicht mehr aus, die Abwässer müssen in Klärwerken gereinigt werden. Das Reinigen ist technisch sehr aufwändig und teuer. Deshalb sollten alle Menschen sparsam mit Wasser umgehen und es weniger verschmutzen.

Abwasser aus den Gebäuden fließt durch Abwasserrohre, Regenwasser von den Straßen durch Gullys in die Kanalisation.

Unter den Straßen werden die Abwässer in der Kanalisation gesammelt und weiter in ein Klärwerk geleitet.

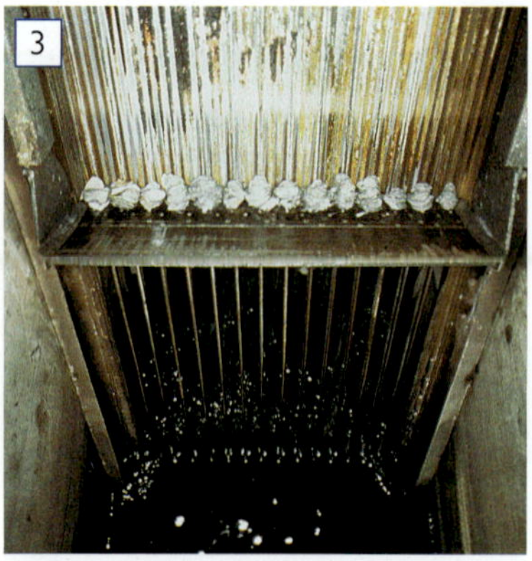

Am Rechen bleiben zuerst Holz, Papier und grobe Teile hängen. Sand setzt sich ab. Fette werden von der Oberfläche abgesaugt.

Einblick in ein technologisches Verfahren der Abwasseraufbereitung: Schema der Kläranlage lesen, Grundwasserschutz

AH S.52 S.16

Wasser im „Klärwerk“

Wie verändert sich Schmutzwasser durch Filtern?

Versuchsaufbau:

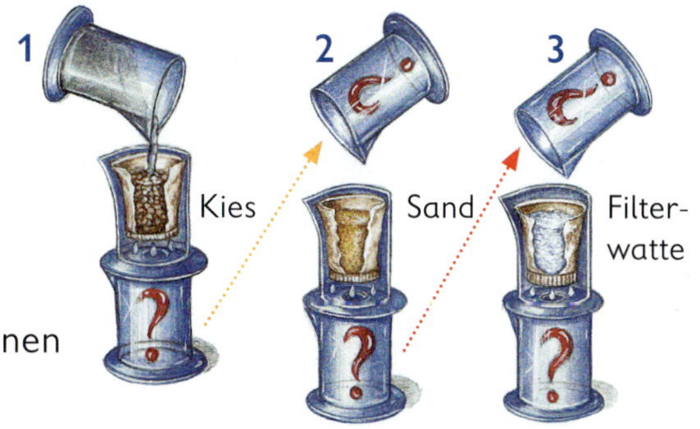

Ihr braucht:

- 4 Bechergläser, 3 Filter mit Filtertüten, darin: **1** gewaschener Kies
  2 gewaschener Sand
  3 Filterwatte
- Schmutzwasser: Leitungswasser, vermischt mit Gartenerde und Sägespänen

Geht so vor:

- Lasst das Schmutzwasser nacheinander durch die drei Filter laufen.
- Notiert, wie es sich nach jedem Filtergang verändert. Achtet auf den Geruch.

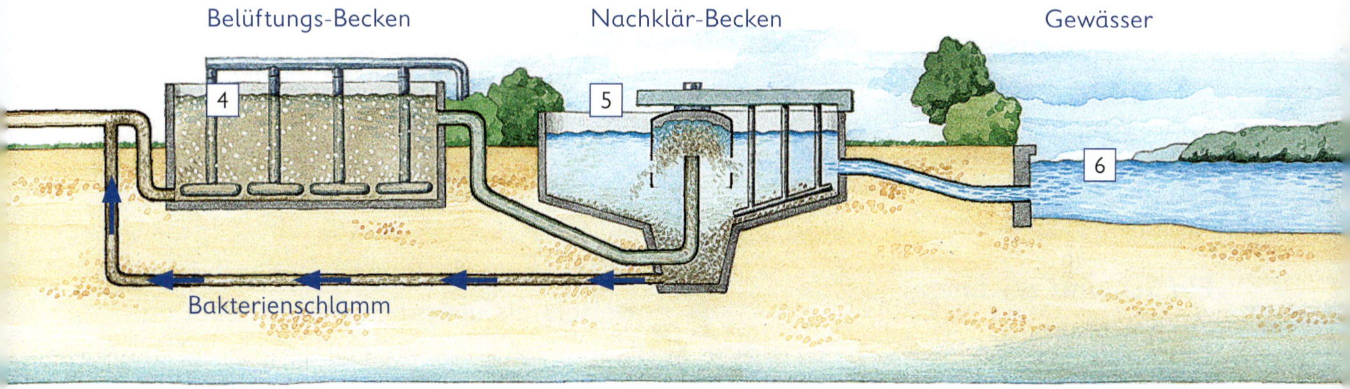

Zum Belüften werden dem Wasser viel Sauerstoff und Bakterien zugesetzt. Die Bakterien „fressen“ die restlichen Schmutzteilchen.

Im Nachklärbecken sinkt der Schlamm mit den Bakterien zu Boden. Er wird dem Belüftungsbecken zugeführt.

Nun ist das Wasser so sauber, dass es wieder in Seen oder Flüsse eingelassen werden kann.

Einblick in ein technologisches Verfahren der Abwasseraufbereitung:
Schema der Kläranlage lesen; Experiment: Filtrierversuch; Grundwasserschutz

AH S.52

Ein Schema zeichnen

Betrachte in diesem Buch zwei Schemata, die Vorgänge darstellen:
„Woher kommt unser Trinkwasser?“ (Seite 118, 119) und
„Wohin fließt unser Abwasser?“ (Seite 120, 121).
Sie zeigen: Ein Schema stellt in einer einfachen Zeichnung nur das Wichtigste dar. Schemata helfen dir, Vorgänge, komplizierte Objekte oder Zusammenhänge leichter zu verstehen oder auch selbst vereinfacht darzustellen.

Mit einem solchen Schema kannst du darstellen, wer zu deiner Familie gehört. Zugleich zeigst du, wer die älteren und wer die jungen Familienmitglieder sind.

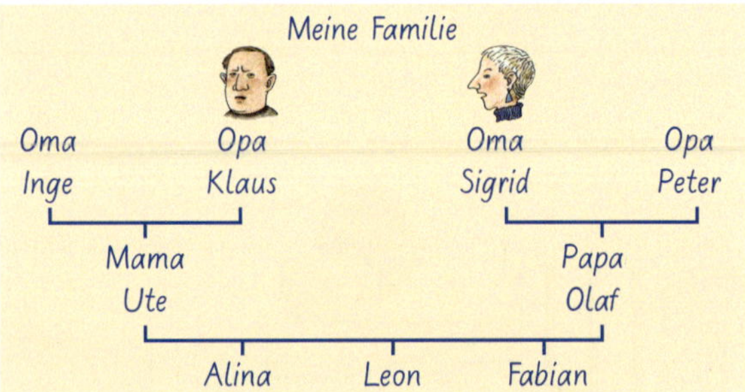

Dieses Schema zeigt, welche „Bauteile“ alle Blüten von Blütenpflanzen haben. Du erkennst auch sofort, wie die Teile angeordnet sind.

Ein Schema zeichnen

- Plane dazu vorab:
  - Was genau will ich darstellen?
  - Welche Überschrift wähle ich?
  - Wo finde ich Informationen?
  - Welche wichtigen Informationen will ich wiedergeben?
  - Was brauche ich zum Zeichnen?
  - Wie führe ich die Zeichnung aus?
- Zeichne einfache, übersichtliche Formen und klare Farben.
- Beschrifte mit Wörtern oder mit kurzen Texten.

So stellst du die lange Anleitung des Wegweisers als übersichtliches Schema dar.

Thema finden
↓
Überschrift schreiben
↓
Informationen suchen
↓
Wichtiges aufschreiben
↓
Material bereitlegen
↓
Schema zeichnen

1 Erstelle ein Schema zu einem selbst gewählten Thema.
Schreibe darunter, wie du vorgegangen bist.

Informationen zu Sachverhalten eigenständig suchen, Teilinformationen nach Aufgabenstellung entnehmen; Skizzen bzw. Schemata erstellen

Was ich jetzt weiß und kann: Aufgaben lösen

1 Bildet mit Quartettkarten Gruppen.
Immer 4 Karten sind ein Quartett. Bezeichnet sie:
Jedes Kind zieht eine Karte und sucht sein „Quartett".
Ihr könnt Gruppen mit 4 oder 3 Kindern bilden.

2 Jeder bastelt für die Arbeit ein Ampelprisma.
Damit bewertet ihr Aufgabenlösungen ohne Worte.

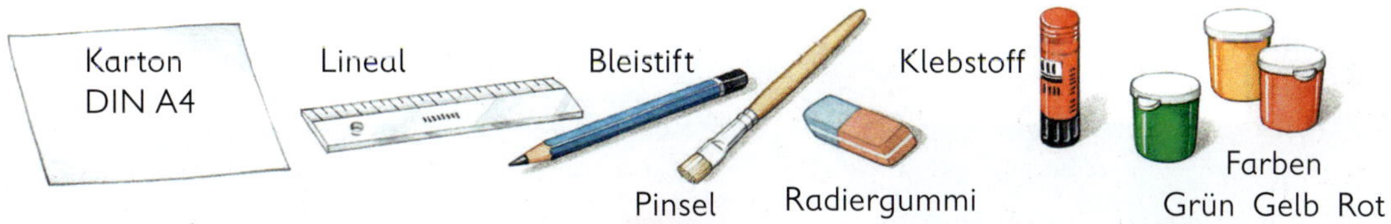

Den Karton vom unteren Rand her falzen: dreimal je 9 cm, Rest: 2,5 cm lang.

Die Rechtecke wie in der Abbildung rot, gelb und grün anmalen.

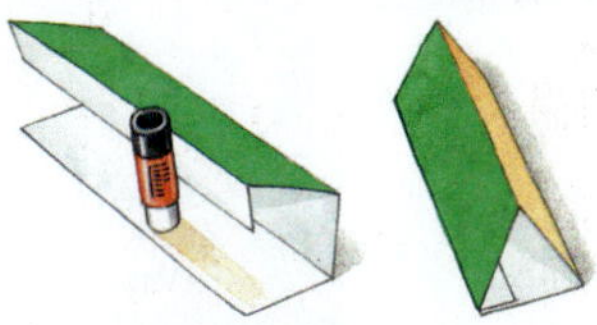

Den schmalen unteren Falz mit Klebstoff innen an das rote Rechteck kleben.

3 Löst die Aufgaben auf den Seiten 124 bis 127 einzeln nacheinander. Notiert Stichpunkte. Geht dazu so vor:

1. Wer Quartettkarte 1 hat, trägt seine Lösung zuerst vor.
2. Alle anderen bewerten die Lösung mit dem Prisma.
3. Wendet dazu der Rednerin/dem Redner eine Farbe zu.
4. Ihr könnt ergänzen und korrigieren.
5. Alle notieren weitere Stichpunkte.

Zeige dein Prisma:
(grün) Die Lösung war richtig und umfassend.
(gelb) In der Lösung fehlen Angaben. Ich ergänze.
(rot) Die Lösung enthält Fehler. Korrigiere.

4 Stellt euer Gruppenergebnis der Klasse vor. Einigt euch, wer es vorträgt. Alle bewerten mit dem Ampelprisma.

Nutzt das Ampelprisma auch für andere Signale:
- Ihr präsentiert eine Arbeit und fragt, ob alle den Inhalt verstehen.
- Jemand erklärt etwas und bittet um Rückmeldung.
  (grün) Verstanden (rot) Nicht verstanden (gelb) Teilweise verstanden
- Ihr signalisiert bei einer Arbeit:
  (rot) Brauche dringend Hilfe. (gelb) Bitte um … (grün) Ich kann helfen.

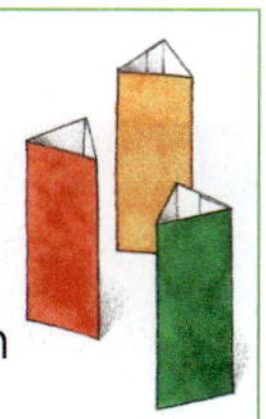

Was ich jetzt weiß und kann: Wald und Wasser

1 Im Herbst fallen im Laubwald viele Blätter von den Bäumen.
Begründe, warum der Wald nicht in seinem „Blättermüll“ erstickt.

2 Nenne drei Pflanzen und drei Tiere, die im oder am Wasser leben.
Wähle eine Pflanze oder ein Tier aus. Begründe, warum diese Pflanze oder dieses Tier so gut im oder am Wasser leben kann.

S. 16

Was ich jetzt weiß und kann: Feuer und Wärme

1 Beantworte die Fragen zum Feuer.
- Was braucht ein Feuer zum Brennen?
- Was musst du beim Umgang mit Feuer beachten?
- Was musst du tun, wenn es in der Schule brennt?

2 Gedankenexperimente: Betrachte die Bilder.

A Stelle dir vor, du steckst 3 Stricknadeln aus Holz, Metall und Plastik mit den „angeklebten" Gummibärchen in heißes Wasser.
Welches Bärchen kann die Aussicht nur kurze Zeit genießen? Begründe.

B Aus welchem Stoff würdest du
- eine Pfanne herstellen?
- einen Eisbecher konstruieren?

Zeichne eine Pfanne und einen Eisbecher.
Beschrifte sie und nenne das Material.
Begründe die Materialwahl.

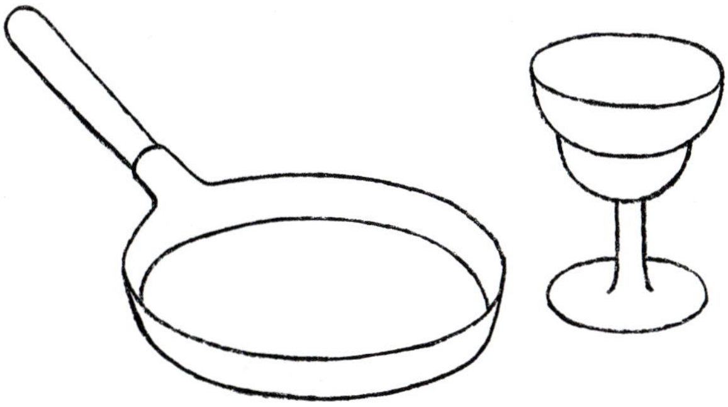

Bildquellen

5 Collage unter Verwendung von Schülerarbeiten der Stephan-Lochner-Schule Köln; Fotos: Barbara Sengelhoff, Köln; **6** Schulmuseum Reckan (1); ullstein bild, Berlin (2); **7** Keystone, Hamburg/Klaus Rose (1); Rainer J. Fischer (2); **11** IFA-Bilderteam, München/John Shaw (1); Helles-Köpfchen.de (2); **13** Stockfood, München; **15** picture-alliance/OKAPIA/J-L. Klein & M-L. Hubert; **16** picture-alliance/OKAPIA/Hans Reinhard (1); Harald Lange NaturBild, Bad Lausick (2); Peter Wirtz, Dormagen (3); **17** Juniors (1); Harald Lange NaturBild, Bad Lausick (2); IFA-Bilderteam, München/Elfner (3); Harald Lange NaturBild, Bad Lausick (4); **18** Harald Lange NaturBild, Bad Lausick (1); Wikipedia/GNU/U Hon Kahn (2, 3); **19** Hans E. Laux, Biberbach a.d. Riß (1, 4); Reinhard, Heiligkreuzsteinach (3); Cornelsen Verlagsarchiv (2); **20** Arco Images/NPL (1); Corel Libraray (2); **21** picture-alliance/KPA/Gerken & Ernst (1); picture-alliance/OKAPIA/RainerErl (2); **24** Günter Rieger, Karve; **29** Ingrid Dröse, Oberasbach (1); Steffen Weidinger, Berlin (2); **31** picture-alliance/dpaZB/Peter Endig; **32** Tobias Schneider, Berlin (1); akg-images, Berlin (2); Archiv für Kunst und Geschichte, Berlin (3); Cornelsen Verlagsarchiv (4); privat (5); **33** Cover: Erich Kästner, Emil und die Detektive. C. Dressler Verlag, Hamburg/© Atrium Verlag, Zürich (1); Cornelsen Verlagsarchiv (2); Bildart Volker Döring, Hohen Neuendorf (3); Reinhard Dressler, Ochsenfurt (4); **34** akg-images, Berlin (1); Siemens Forum, München (2); Cornelsen Verlagsarchiv (3, 4); **35** Frottana Textil GmbH & Co.KG, Großschönau (1, 3, 4); picture-alliance/dpa-Report/Thieme (2); **36** picturealliance/ZB-Fotoreport/Thieme; **37** Peter Wirtz, Dormagen; **38** Joseph Moseley Barber: A cottage home (In der Küche eines Landhauses), 1875, The Bridgeman Art Libraray/Berlin, London (1); Artothek, Weilheim (2); **39** Artothek, Weilheim; **41** Stefan Wagner, Berlin (1, 3); kago GmbH/Pressebild (2); **43** Aus: Dr. Oetker: Heißgeliebte Kartoffeln. Gekocht, gebraten und gebacken. © 1997 by Ceres Verlag Rudolf August Oetker KG, Bielefeld (1); src.discounto.de (2); Peter Wirtz, Dormagen (3); **44** Stefan Wagner, Berlin (1); Rainer J. Fischer, Berlin (2); **45** Gerhard Medoch, Berlin; **46** Saskia Klemm, Berlin; **51** Plakat: Deutsche Krebshilfe e.V., Bonn; **54** Cornelsen Verlagsarchiv; **58** „Foto Lennarty Nilsson/Bonnier Alba AB, SO KAMST DU AUF DIE WELT. Mosaik-Verlag", Stockholm; **59** „Foto Lennarty Nilsson/Bonnier Alba AB, SO KAMST DU AUF DIE WELT. Mosaik-Verlag", Stockholm; **60** A1PIX/OPN; **67** transit, Leipzig (1); Gerhard Hoffmann, Berlin (2); **68** Harald Lange NaturBild, Bad Lausick (1); Logo: Naturpark Dübener Heide (2); akg-images, Berlin (3); **69** Cornelsen Verlagsarchiv (1); transit, Leipzig (2); **70** picturealliance/ZB-Fotoreport/Thieme (1); Sächsisches Industriemuseum, Chemnitz (2); **71** Logo Silberstraße: Cornelsen Verlagsarchiv; **72** transit, Leipzig (1); Cornelsen Verlagsarchiv (2); Gerhard Hoffmann, Berlin (3); Hans-Joachim Boldt, Berlin (4); **73** Harald Lange NaturBild, Bad Lausick (1); Dagner (2); Landratsamt Zittau, Amt für Tourismus (3); **75** Manfred Brandt, Cottbus (1); CARO/Pries (2); Klaus Fischer, Berlin (3); Wikipedia/GNU (4); Jana Arnold, Leipzig (5); Waldschulheim Halbendorf/Engberg (6); Wikipedia/GNU/CC (7); **76** Ziesler (1); Jürgen Kosten, Mönchengladbach (2); Hans-Rudolf Pauli/Schweizerische Vogelwarte (3); **77** Drachenhöhle, Syrau (1); Tourismusverband Erzgebirge e.V. (2); **78** transit, Leipzig (1); Cornelsen Verlagsarchiv (2, 3); **79** Wikipedia/GNU/Winzer (1); dpa/Hiekel (2); Sächsische Landesbibliothek, Staats- und Universitätsbibliothek Dresden – Dezernat Deutsche Fotothek (3); **80** Lausitzer und Mitteldeutsche Bergbauverwaltungsgesellschaft www.lmbv.de (1); Sorbisches Museum Bautzen (2); picture-alliance/ZB-Fotoreport/Wüstneck (3); Matthias Lüdecke, Berlin (4); Cornelsen Verlagsarchiv (5); **81** picture-alliance/ZB-Fotoreport/Hofmann (1); Jürgen Matschie, Bautzen (2, 3); **82/83** Teigwaren Riesa/Pressebild; **84/85** Staatliche Porzellan-Manufaktur, Meissen; **84** picture-alliance/ZB-Fotoreport; **85** picture-alliance/akg-images; **86** Jürgen Junker-Rösch; **87** Peter Wirtz, Dormagen; **88** Barbara Wilhelm, Berlin (1, 3); www.radarforum.de (2); **89** Peter Wirtz, Dormagen (1, 3, 4); Marek Lange, Berlin (2); **91** BILD-ART PHOTOS/Döring, V., Hohen Neuendorf (1); UPM-Kymmene Papier GmbH Augsburg (2); Steffen Weidinger, Berlin (3); **92/93** Siegfried Motschmann, Neuenhagen (1); **92** Cornelsen Verlagsarchiv (1); **93** Ingrid Dröse, Oberasbach (1); Cornelsen Verlagsarchiv (2); Marek Lange, Berlin (3); Steffen Weidinger, Berlin (4); **94** A1PIX/KTP, München (1); Th. Schulz (2); **95** picture alliance/OKAPIA KG/Birke; Gerhard Medoch, Berlin; **98** Cornelsen Verlagsarchiv (1); Prenzel, Gröbenzell (2); R. Förster (3); Frank Krahmer (4, 5); **99** Stefan Wagner, Berlin (1); Christine M. Kaiser, Königslutter am Elm (2); Wikimedia/GNU/Frank Vincentz (3); Friedrich-Schiller-Universität Jena (4); **100** Ulrich Gard, Hermeskeil (1); Hans-Joachim Boldt, Berlin (2); Redeker, T (3); **101** picture-alliance/OKAPIA/Büttner/Naturbild; **102** vario-press, Bonn/Oed (1); f1online/Frankfurt am Main/Asperger (2); Blickwinkel, Witten/Blumenstein (3); argos, Hamburg/Labhardt (4); **103** Astrofoto, Sörth; **105** BildART Volker Döring, Hohen Neuendorf; **107** NASA; **108** Cornelsen Verlagsarchiv; **109** Peter Wirtz, Dormagen; **110** Helles-Köpfchen.de (1); Cornelsen Verlagsarchiv (2); Peter Wirtz, Dormagen; (3); Marek Lange, Berlin (4); Cover: WAS IST WAS TV: Tiere im Zoo. Nürnberg: Tessloff Verlag 2010 (5); Cover: Thiel, Hans-Peter: Mein großes Tier Lexikon. München: Verlagsgruppe Random House GmbH 2008 (6); **111** Cornelsen Verlagsarchiv (1–5); Corel Library (6); **113** Foto aus: Müller, Gerhard P./Dahlke, Ernst: Mecklenburg-Vorpommern sehen & erleben. München: Südwest Verlag GmbH & Co.KG; Collage: Gerhard Medoch; **114** H.R. Hepper (1); Reinhard-Tierfoto, Heiligkreuzsteinach (2); Reinhard-Tierfoto, Heiligkreuzsteinach (Hans Reinhard) (3); Reinhard, H. (4); Wikipedia/GNU/Rosenzweig (5); **115** Harald Lange NaturBild, Bad Lausick (1); Wikipedia/GNU/Hohwald (2); Reinhard-Tierfoto, Heiligkreuzsteinach (3); Cornelsen Verlagsarchiv (4); Wikipedia/CC/Fritz Geller-Grimm (5); **116** Moosrainer/Silvestris (1); Cornelsen Verlagsarchiv (2); **117** Wikipedia/GNU/Stephan Mense (1); Bio-Info/Toenges (2); Sächsisches Landesamt für Umwelt, Landwirtschaft und Geologie/Foto: E. Seifert (3); **118** Berliner Wasserbetriebe; **119** Berliner Wasserbetriebe (1, 2); Freelens Pool/Kirsten Neumann (3); **120** BildART Volker Döring, Hohen Neuendorf (1); Berliner Wasserbetriebe (2, 3); **121** Berliner Wasserbetriebe (1, 2); artvertise, Gütersloh (3); **124** Collage: picture-alliance/OKAPIA/J. L. Klein & M.-L. Hubert (1); Weisenböhler, C. (2); Cornelsen Verlagsarchiv (3, 4); Silvestris/Suner (5); Horst Theuerkauf, Gotha (6); Reihe unten: Harald Lange NaturBild, Bad Lausick (1, 2, 3); Steffen Weidinger, Berlin (4); **125** www.lonestar-Rauch.de (1); Rafael Brix, Suhl (2); BildART Volker Döring, Hohen Neuendorf (3); **126** Cornelsen Verlagsarchiv; **127** Heiner Müller-Elsner/GEOlino

Karten, wenn nicht anders ausgewiesen: Peter Kast, Ingenieurbüro für Kartografie, Wismar

Wir danken allen Rechteinhabern für die Druckerlaubnis. Da es uns leider nicht möglich war, alle Rechteinhaber zu ermitteln, bitten wir, sich gegebenenfalls an den Verlag zu wenden.